Journal de Bord
d'un
Délégué Syndical

Site internet de l'auteur :

http://journal-de-bord-d-un-ds.webnode.fr

JL Martins

Eunice Martins

JOURNAL DE BORD
D'UN DELEGUE SYNDICAL

Témoignage

Le code de la propriété intellectuelle n'autorisant, aux termes des paragraphes 2 et 3 de l'article L122-5, d'une part, que les "copies ou reproductions strictement réservées à l'usage privé du copiste et non destinées à une utilisation collective" et, d'autre part, sous réserve du nom de l'auteur et de la source, que "les analyses et les courtes citations justifiées par le caractère critique, polémique, pédagogique, scientifique ou d'information", toute représentation ou reproduction intégrale ou partielle, faite sans consentement de l'auteur ou de ses ayants droit, est illicite (art L122-4). Toute représentation ou reproduction, par quelque procédé que ce soit, notamment par téléchargement ou sortie imprimante, constituera donc une contrefaçon sanctionnée par les articles L 335-2 et suivants du code de la propriété intellectuelle.

Novembre 2013,

Je m'appelle José, je suis portugais. Je travaille dans une grande entreprise du bâtiment que j'appellerai L.A.D.E. Je suis DS, soit délégué syndical, mais j'ai également d'autres casquettes. Je suis délégué du personnel ainsi que délégué et secrétaire du comité d'entreprise et du CHSCT (Comité d'hygiène, de sécurité et des conditions de travail). Oh, cela n'a pas été facile de s'imposer. Mais j'ai réussi !

Sans fausse modestie, je pense être aujourd'hui en France l'un des quelques rares Portugais secrétaires du comité d'entreprise dans le bâtiment. Bien sûr, pour en arriver là, j'en ai bavé tous les jours. La vie est dure dans ce milieu, d'autant plus lorsque l'on est étranger et compagnon. Mais on n'a rien sans rien et moi l'injustice je ne supporte pas. Les étams et les cadres voyaient ça d'un mauvais œil. « Où a-t-on a déjà vu le secrétariat d'un comité d'entreprise de plus de 400 salariés entre les mains d'un ouvrier et de surcroît portugais ? », se demandaient-ils. Aussi n'ont-ils pas hésité à me mettre des bâtons dans les roues quotidiennement et cela continue encore aujourd'hui. Mais je résiste et c'est le principal, d'autant plus que je suis soutenu par les autres compagnons de l'entreprise. Je me bats jour après jour, essentiellement, pour eux et pour leurs conditions de travail, car ce sont eux les plus démunis dans le bâtiment. Mais je lutte également pour tous les salariés de l'entreprise quels qu'ils soient et ce, malgré les difficultés que m'impose régulièrement toute la classe administrative de l'entreprise. Mais ça, ils ne l'ont pas encore compris!

❖

Je suis né au Portugal dans la région centre. Mon père a émigré en France alors quej'avais cinq ans. Je suis donc resté au pays avec ma mère. Celle-ci travaillait toute la journée à l'usine et n'avait pas beaucoup le temps de s'occuper de moi. Surtout qu'après son boulot elle partait encore travailler aux champs, cultiver nos terres. Je passais donc la journée avec la nourrice. Puis à six ans, j'ai pris le chemin de l'école. Je détestais notre instituteur, je le trouvais méchant. Aussi, étant donné que je n'avais pas la langue dans ma poche, je lui répondais du tac au tac. Ce qui me valait d'être puni pratiquement tous les jours. Que voulez-vous, à cet âge-là j'étais déjà rebelle ! Je ressentais un immense plaisir à le contrarier, essayant toujours d'avoir le dernier mot. J'avais horreur de l'école et des règles strictes. Je préférais jouer au foot à l'extérieur. Résultat : j'arrivais régulièrement en retard en classe. Pendant les récréations, les bagarres étaient fréquentes. Bien sûr, qui retrouvait-on en première ligne ? Moi ! L'instituteur devait intervenir pour nous séparer. En conséquence, ma mère était souvent convoquée à l'école. Parfois c'était mon père qui se déplaçait lors de ses différents retours à la maison. Pour me punir à son tour ma mère m'emmenait avec elle aux champs, après les cours. Cela lui permettait de me surveiller et de m'empêcher d'aller jouer avec mes camarades. Peut-être pour éviter que je crée à nouveaux des problèmes.

Finalement, c'est lorsque j'ai terminé mes études primaires que mon père s'est décidé à nous ramener en France avec lui, j'avais onze ans.

Là non plus cela n'a pas été facile. J'ai dû passer par différentes classes d'adaptation, parce que je ne parlais pas le français. Mon caractère bagarreur ne s'est pas calmé pour autant, au contraire. Je me souviens d'une bagarre que j'ai déclenchée un jour à la sortie du collège, j'avais alors quatorze ans. C'était avec un élève bien plus vieux que moi. Il m'avait volé ma trousse tout en se moquant de moi parce que j'étais portugais. Il pensait sûrement que j'allais me laisser faire sans rien dire. Grosse erreur de sa part. Cela s'est terminé dans le bureau du directeur. Nous nous en sommes tirés avec quelques bleus, bosses et des heures de colle. Ce n'était pas grave ! Le principal pour moi était que ce garçon ait compris qu'il ne devait plus me chercher des noises. Quand on me cherche, on me trouve !

Je me suis calmé un peu lorsque plus tard, à seize ans, j'ai fait mes premiers pas dans le monde du travail comme apprenti. C'était une semaine chez l'employeur, une semaine à l'école technique ou j'apprenais le métier d'ajusteur/outilleur. À cette époque, nous avions déjà des cours sur le monde du travail, l'entreprise et les droits des salariés. J'ai tout de suite aimé ça. C'est à partir de ce moment, je pense, que j'ai commencé à m'intéresser au syndicalisme.

Plus tard je me suis marié, j'ai eu des enfants. Ma vie a suivi son cours comme celle de tout le monde.

Surtout ne croyez pas que parce que j'étais bagarreur et grande gueule, je ne respectais personne. Au contraire, s'il y a bien une chose que mes parents m'ont inculquée, c'est le respect des autres. Mais si je respecte les autres, je l'exige également pour moi et pour tous les gens qui m'entourent.

Après différentes expériences professionnelles dans l'industrie et le commerce, je me suis, à une certaine période de ma vie, retrouvé sans travail. J'avais une famille à nourrir. J'ai accepté un emploi dans le bâtiment. Je savais que cela allait être difficile, je n'étais pas habitué à ce genre de travail physique, mais j'étais courageux. De toute façon, je n'avais pas le choix.

Tout ça pour vous dire que, peut-être, on ne s'improvise pas délégué syndical du jour au lendemain. Le caractère de la personne y est pour beaucoup.

Dans ce petit témoignage, j'ai voulu montrer comment j'ai réussi à devenir délégué syndical et comment j'ai pu créer un syndicat dans l'entreprise. J'y expose également quelques exemples de ce que subissent, au quotidien, les compagnons sur les chantiers. Certes, il s'agit du bâtiment, mais cela pourrait aussi bien se passer dans l'industrie, la métallurgie ou autres. La création d'une section syndicale ou d'un syndicat se fait de la même façon dans n'importe quel secteur. Alors, que vous soyez homme ou femme, français ou étranger, si vous vous sentez un peu rebelle et si vous désirez vous lancer à votre tour, ce témoignage peut vous aider.

Tout a donc commencé en 1990…

Avril 1990,
Embauche chez L.A.D.E .[1]

C'est donc dans cette société, au début du mois d'avril, que j'ai été embauché en tant que boiseur.[2] C'est un métier difficile, mais je m'y suis mis rapidement, car sur les chantiers on n'a pas le temps de chômer.

Très vite, je me suis rendu compte que les conditions de travail imposées étaient pénibles. Dernière marche de l'échelle, les compagnons subissent au quotidien la pression constante de leur chef, eux aussi soumis aux exigences de leurs supérieurs. Il faut travailler vite et bien sans se soucier des conditions de sécurité.

Cette situation est inconcevable pour moi.

Je viens d'un modeste milieu ouvrier, le travail ne me fait pas peur. Mais il ne faut pas me prendre pour un esclave ou pour un illettré. Les travailleurs, quels qu'ils soient ont des droits et j'avais bien l'intention de les faire respecter.

Une fois ma période d'essai effectuée et mon contrat en CDI en poche, je n'ai pas pu retenir davantage ma langue. Malgré mon embauche récente, je suis rapidement devenu la grande gueule de l'entreprise au risque de perdre mon travail. C'est mon caractère, je n'y peux rien. C'est donc tout naturellement

---

[1] Entreprise du bâtiment en région parisienne, dont le nom a été modifié.

[2] Le coffreur-boiseur est un maçon spécialisé dans l'utilisation du béton armé. Il réalise des boisages et des moules appelés coffrages. La solidité du coffrage doit être à la mesure de la quantité de béton qui va y être coulée. Si le coffrage est construit séparément, il est mis en place par une grue. Le coffreur-boiseur assure l'étanchéité du coffrage avec des bandes adhésives pour éviter de laisser passer le béton liquide qui y sera versé. Il huile l'intérieur du coffrage pour empêcher que le ciment s'y colle en séchant. Le béton est versé par une benne. Une fois le béton sec, le coffrage est retiré. (www. Lesmétiers.net)

que j'ai commencé à prendre la défense de mes collègues qui n'osaient pas parler. Rapidement, sans même m'en rendre compte, je suis devenu leur porte-parole ; le compte à rebours était enclenché. En peu de temps, mon nom avait commencé à faire le tour des chantiers. Quotidiennement les autres compagnons m'appelaient pour me demander des conseils. De plus en plus motivé par mes idées et le besoin de renseigner mes collègues, ma bibliothèque s'est enrichie de nouveaux titres : Code du travail, Convention collective, Droit social, Comité d'hygiène et sécurité, etc. De par mes connaissances sur les droits des salariés et grâce à ma faculté à me faire entendre en cas de besoin, j'ai vite été remarqué par les délégués du personnel (compagnons) en place qui m'ont suggéré de me joindre à eux aux prochaines élections. Ils avaient besoin de quelqu'un comme moi.

En effet, à l'époque les délégués présents étaient assez faibles et n'arrivaient pas à s'imposer, ils n'osaient pas. De ce fait, les compagnons n'obtenaient jamais de bonnes conditions de travail. Leurs droits étaient souvent bafoués par les membres de la direction qui se considéraient supérieurs aux ouvriers qu'ils voyaient comme des analphabètes. J'avais décidé de faire quelque chose. Néanmoins, il m'a fallu quatorze ans pour me lancer officiellement dans le syndicalisme, quatorze ans pour me décider à intégrer l'équipe de mon collègue et me présenter, sur sa liste, aux élections des délégués du personnel et du comité d'entreprise. Malgré tout, pendant ces années, je ne suis pas resté inactif. Dans la limite de mes droits en tant que simple salarié, ma lutte a été constante et quotidienne.

Depuis mon embauche en avril 1990 jusqu'en mars 2013, moment où j'ai écrit ce livre, il s'est passé énormément de choses dans l'entreprise. J'aurais pu écrire bien plus que ces quelques pages, j'aurais pu écrire une bible tant la liste était longue et répétitive. Aussi, je n'ai pris que quelques exemples parmi tant d'autres pour faire part de mon expérience qui, je l'espère, pourra aider certains d'entre vous.

**Quelques-unes de mes journées types
sur les chantiers
Prises au hasard pendant cette vingtaine d'années**

Juin 1992,

Un des chantiers sur lesquels j'ai travaillé était assez loin de chez moi. Je devais donc me lever de bonne heure pour être à huit heures sur mon lieu de travail. Cinq heures trente, le réveil sonna. Il fallait faire vite, le train était à six heures vingt. Train, métro, bus, c'était la totale.

J'arrivai sur le chantier vers sept heures quarante. Avant d'attaquer la journée, il me fallait un remontant, un bon petit café bien chaud, rien de tel pour se donner du courage. Je me dirigeai ensuite vers les vestiaires.

— Salut les gars, ça va ? Je crois qu'on va encore avoir une dure journée, je viens d'apercevoir le chef et il n'a pas l'air de bonne humeur.

— Comme d'habitude, répondit Ahmed. Le chantier est en retard et c'est toujours nous qui prenons.

— Ouais ! Ajouta Ali. On travaille comme des robots et on n'a aucune reconnaissance.

Alors que nous discutions tout en nous préparant, le chef est arrivé dans les vestiaires.

— Il est huit heures moins cinq, qu'est-ce que vous attendez pour sortir des vestiaires, bande de fainéants ?

J'ai essayé de garder mon calme, mais mon sang a commencé à bouillir malgré moi.

— Écoutez chef, ne commencez pas à nous provoquer dès le matin, parce qu'un de ces jours vous risquez de vous prendre un coup de marteau sur le crâne. On commence à en avoir marre de votre acharnement.

— Quoi ! Tu me cherches ?

— Je ne cherche personne, c'est vous qui nous agressez à peine arrivé. Laissez-nous en paix ! On sait ce que l'on a à faire, on n'a pas besoin que l'on vienne nous appeler comme à l'école primaire. Venez les gars, on y va.

Et nous sommes sortis des vestiaires.

La matinée avançait vite et le travail aussi. Du haut de son perchoir, le grutier dirigeait son engin comme un chef d'orchestre. La moindre erreur pouvait être fatale aux ouvriers qui, vus d'en haut, ressemblaient à de petites fourmis travaillant d'arrache-pied.

Plus tard, alors que je revenais des toilettes, j'ai croisé le chef qui inspectait le chantier histoire de voir si tout était en ordre :

— D'où viens-tu ? Comment se fait-il que tu ne sois pas à ton poste de travail ?

— Écoutez, c'est bon maintenant ; lâchez-moi un peu, j'ai le droit d'aller faire mes besoins ou vous voulez que je les fasse sur place ?

— Tais-toi et dépêche-toi de reprendre le travail, m'ordonna-t-il sèchement.

— Premièrement, vous me respectez et vous ne me tutoyez pas quand vous m'adressez la parole. Je ne suis pas votre chien !

Mais il avait décidé, ce jour-là, de s'en prendre à moi.

— Tu me pourris vraiment la vie, petit con ![3]

À ce moment-là, le ton est monté et j'ai commencé vraiment à m'énerver.

— Qu'est-ce que vous dites, répétez ce que vous avez dit, je crois que je n'ai pas très bien entendu !

— Tu as très bien entendu. Tu me pourris la vie, petit con !

Ça a été la goutte d'eau qui a fait déborder le vase. Je l'ai attrapé par le col de sa veste de travail, je l'ai soulevé et plaqué contre le mur. Il l'avait cherché.

— Vous allez répéter ce que vous venez de dire, mais dans le bureau du directeur. Puisque vous êtes si fort, vous lui expliquerez votre comportement. Mais je vous préviens, si vous essayez de me harceler pour me faire craquer et quitter l'entreprise, vous vous trompez, je ne lâcherai pas facilement.

---

[3] Annexe 1

— Il n'est pas encore arrivé, bégaya-t-il, ne s'attendant pas à une réaction aussi brusque de ma part.

— Vous avez de la chance, mais cette histoire aura des suites, je vous le promets. Si vous avez peur de parler devant lui, pas moi !

Puis je suis parti en le laissant planté là en plein milieu du chantier.

Fin de matinée.

Voilà, je m'y attendais ! J'ai été appelé dans le bureau du directeur. En me voyant passer, le chef de chantier n'a pas pu cacher son plaisir. Il était convaincu que le directeur allait m'attribuer un avertissement.

— Bonjour, dis-je en entrant dans le bureau, vous désirez me parler ?

— Oui, répondit le directeur, asseyez-vous. Il paraît que vous avez eu un accrochage ce matin avec Monsieur Lorian ? Vous savez que c'est lui votre responsable, que vous devez lui obéir et le respecter ?

Il a été droit au but, moi aussi.

— Oui, bien sûr que je le sais ! Mais je suppose qu'il ne vous a pas tout raconté. Depuis ce matin et tous les jours d'ailleurs, il nous presse, nous insulte en nous prenant pour des chiens et vous voudriez qu'on le respecte ? Vous savez Monsieur le Directeur, dans une équipe, pour que le travail se fasse, il faut qu'il y ait de l'entente et un respect mutuel. Or, ce n'est pas le cas. Et s'il y a bien une chose que je ne supporte pas, c'est de me faire insulter. Il y a des limites à ne pas dépasser quand même !

J'étais hors de moi et j'avais à haussé le ton sans m'en rendre compte. Néanmoins, je crois qu'intérieurement il a reconnu que j'avais raison, car il s'est montré courtois.

— Je comprends votre réaction. Je vous connais depuis longtemps et je connais aussi la valeur de votre travail. Je vais lui parler. La prochaine fois, si vous avez un problème, ne discutez plus avec lui, venez me voir directement.

— Merci Monsieur le Directeur, mais il faut lui dire d'arrêter de nous harceler, sinon, vous vous retrouverez bientôt avec une grève sur le dos.

En me dirigeant vers mon poste de travail, j'ai croisé à nouveau mon chef qui me regardait avec dédain. Décidément, je le voyais partout celui-là. Mais bon, à l'époque, les directeurs étaient assez compréhensifs et plus humains que les supérieurs intermédiaires. Il faut dire que certains d'entre eux étaient plutôt incompétents. Montés en grade à force de lèche-bottes, ils se vengeaient souvent sur nous pour masquer leurs erreurs professionnelles qu'ils n'arrivaient pas à assumer. J'avais l'impression que parfois il ne leur manquait plus que le fouet pour que la scène de l'esclavage soit parfaite.[4]

---

[4] Annexe 2

Mars 1994,
Fin de journée

Il était 16 h 30, c'était la fin de la journée. Carlos et moi nous nous dirigions vers les vestiaires.

— Où allez-vous ? demanda le chef. La journée n'est pas finie. Il y a encore beaucoup de travail. Il faut finir de coller le béton avant de partir.

Comme d'habitude, je n'ai pas pu tenir ma langue.

— Écoutez ! Qu'il y ait du béton ou pas à coller, je m'en fiche. Cela fait une semaine que je rentre chez moi à 20 h 30 à cause de votre béton. Alors, que vous le vouliez ou non, je rentre, j'ai fini ma journée.

— Si vous ne reprenez pas le travail immédiatement, je vous supprime la prime de rendement.

— Ça, c'est encore à voir ! Et puis d'abord, pourquoi commandez-vous le béton à seize heures alors que vous savez que nous quittons à seize heures trente.

— C'est comme ça, point barre ! m'a-t-il rétorqué d'un air de suffisance.

Il avait le don de me mettre en colère par ses réponses agressives. Je suis resté calme, car je savais très bien ce qu'il cherchait.

— Tu viens Carlos, on s'en va.

J'ai senti alors que mon collègue était gêné, qu'il avait peur, mais je ne l'ai pas forcé à me suivre.

— Tu n'es pas obligé, tu sais !

— Vas-y José, ce n'est pas grave je vais rester.

Je suis parti. Carlos et quelques autres compagnons ont fait, ce soir-là, comme beaucoup d'autres soirs, des heures supplémentaires. Bien souvent je me suis demandé si le chef ne le faisait pas exprès de nous obliger à rester par pure méchanceté. Encore aujourd'hui, je crois surtout qu'il ne savait pas calculer la quantité de béton nécessaire et qu'il ne se rendait compte de son erreur qu'à la dernière minute. Il ne faut pas se leurrer, la moitié des heures n'étaient pas pointées, donc pas payées. Sans s'en rendre compte, les ouvriers travaillaient souvent gratuitement. Je m'explique : étant donné que ces heures étaient la plupart du temps payées en prime, ils n'y voyaient que du feu.

Personnellement, je ne faisais, déjà à l'époque, des heures supplémentaires que lorsque je voyais qu'il y avait vraiment un problème sur le chantier, indépendant de qui que ce soit, ou pour aider notre chef d'équipe, qui était un compagnon comme nous et sur qui tout retombait lorsque le travail se passait mal. Je suis quand même professionnel. En revanche je notais toujours toutes mes heures et lorsque je recevais ma fiche de paie, je faisais mes calculs, confirmant de la sorte que la prime correspondait bien au nombre d'heures que j'avais effectué. Bien entendu, j'étais déjà conscient à l'époque que nous étions perdants puisque les heures supplémentaires ouvrent le droit à un repos compensatoire. Or, étant donné que celles-ci étaient payées sous forme de prime, ce repos nous passait sous le nez. Eh oui, pas d'heures supplémentaires inscrites sur la fiche de paye, pas de repos compensatoire.

Avril 1996,

Ce matin-là sur un autre chantier, la journée avait commencé un peu tendue, comme d'habitude. J'étais avec mes compagnons sur le terrain et nous nous préparions à installer un garde-corps quand le chef est arrivé :
— Qu'est-ce que vous faites ?
Évidemment, comme d'habitude, il a fallu que je réponde.
— On installe le garde-corps pour pouvoir travailler en sécurité. [5]

— Mais vous êtes fous ! Vous croyez qu'on a le temps ? Le chantier est déjà en retard sur les délais prévus par le client. Il faut que le bâtiment soit prêt dans quelques semaines. Alors pour la sécurité, on s'en passera.
— Vous savez que c'est interdit de travailler sans sécurité. Ce n'est pas à vous qu'il risque d'arriver un accident.
— Vous n'avez qu'à faire attention, continua le chef.
J'ai insisté en lui répondant que c'était impossible de travailler vite et bien sans accident.
— Débrouillez-vous ! De toute façon, il n'arrivera rien, j'en prends la responsabilité. Allez, maintenant mettez-vous au travail et dépêchez-vous.

---

[5] Annexe 3

Alors que déjà à l'époque le BTP détenait le triste record des accidents du travail : un blessé par minute et un décès par jour ouvré, pourquoi ne pas faire le nécessaire pour éviter cela ? Surtout quand on sait qu'il existe des équipements de travail permettant aux compagnons de travailler en sécurité. D'ailleurs, les accidents les plus nombreux et les plus graves sont les chutes de hauteur, depuis le poste de travail, provoquées par rupture, effondrement ou basculement du support sur lequel se trouve la victime. Pourquoi ne pas éviter ces risques ? Surtout qu'en appliquant les règles de sécurité en vigueur, on peut améliorer la vie dans le bâtiment et réduire les risques courus régulièrement par les compagnons. La sécurité devrait être l'une des principales préoccupations de tous les responsables de chantiers. Avoir une mort sur la conscience n'est jamais facile à vivre ! Le problème, c'est que la course aux profits fait oublier aux employeurs les risques d'accidents dans une profession y étant déjà. Quand un travailleur se lève le matin pour aller bosser, il le fait pour gagner sa vie pas pour la perdre ! Malheureusement, la plupart des bonnes résolutions prises par les entrepreneurs lors de réunions importantes ou lors des cocktails avec leurs clients sont très vite oubliées une fois sur le terrain au détriment des salariés.

La matinée était déjà bien entamée, quand tout à coup on a entendu un cri strident :

— Ahhhhhhhhhhhhhh !

En voyant ce qui s'était passé, j'ai descendu les escaliers quatre à quatre pour le secourir.

— Vite, appelez les pompiers !

— Qu'est-ce qui se passe ? demanda Carlos.

— Vite, appelez du secours, Francisco vient de tomber du troisième étage.

Immédiatement prévenu, le chef était livide, en panique ; il se sentait responsable. Il avait aussitôt appelé les pompiers qui étaient arrivés rapidement. Tous les compagnons étaient autour de Francisco qui gisait sur le sol, couvert de sang. Il hurla de douleurs avant de perdre connaissance.

— Il est mort, cria Ali, il est mort !

Les pompiers tentaient de maintenir le calme.

— Calmez-vous monsieur, répliqua l'un d'eux, il est seulement évanoui. Poussez-vous et laissez-nous faire notre travail.

Les pompiers ont appliqué les premiers secours avant de le transporter vers l'hôpital le plus proche. Éberlués par la scène à laquelle nous venions d'assister, nous étions restés figés sur place quelques instants, le temps de nous remettre de nos émotions. Très mécontent, le chef de chantier nous ordonna de reprendre le travail immédiatement et se dirigea vers son bureau où il demeura jusqu'à la fin de la journée. Il savait que l'inspection du travail allait se présenter pour constater les faits et qu'il risquait de se faire taper sur les doigts parce qu'il avait refusé l'installation de la sécurité.

Cette nuit-là, je dois dire que je me sentais assez nerveux et choqué. Je n'avais jamais vu d'accident aussi grave. J'en ai fait des cauchemars toute la nuit, avant de me réveiller en sursaut.

Le souvenir de ce corps ensanglanté et désarticulé resta présent dans ma mémoire pendant très longtemps.

Finalement, son accident lui ayant provoqué de multiples fractures, Francisco est resté en rééducation pendant de longs mois, à la suite de quoi il a effectué un premier contrôle médical. Celui-ci a dépisté plusieurs inaptitudes et notamment l'impossibilité de travailler debout ! Il devait désormais marcher obligatoirement sur un sol droit et ne plus porter de charges lourdes. En résumé, il ne pouvait plus reprendre son travail sur les chantiers.

Par obligation, l'employeur lui a fait un bilan de compétences pour envisager une nouvelle orientation compatible avec ses aptitudes physiques. Durant le délai de réflexion correspondant à la recherche d'un reclassement, bien que le contrat ne soit pas suspendu, l'employeur est, évidemment, dispensé de rémunérer le salarié ! [6]

Suite à ce bilan de compétences et à une deuxième visite médicale, Francisco a été déclaré inapte à exercer son métier dans le BTP. Son reclassement étant donc négatif, la société a engagé une procédure de licenciement pour inaptitude physique aux métiers du bâtiment.

Quand j'ai appris la nouvelle, j'ai enragé. Voilà les remerciements après de longues années de bons et loyaux services ! Ils n'ont vraiment aucune considération pour leurs employés. Un de perdu, dix de retrouvés. C'est ça leur mentalité. Ils auraient pu faire un effort pour lui trouver un autre poste de travail ! Avec un peu de bonne volonté, ils auraient bien trouvé un travail plus facile à lui proposer. Mais cela ne les intéressait pas, il leur fallait des bêtes de somme, pas des casse-pieds.

À vingt-huit ans, Francisco s'est retrouvé handicapé, licencié et sans travail. Une vie qui commençait mal ! Qui lui donnerait du travail, dorénavant ? Comment gagnerait-il sa vie pour nourrir une famille ?

Quel gâchis ! Mais je ne pouvais rien faire, je n'étais pas délégué, je ne pouvais pas intervenir auprès de la Direction.

---

[6] Annexe 4

Octobre 1998,

Un des chantiers sur lesquels j'ai travaillé était énorme. Avec deux cents personnes pour le gros œuvre, il avait été divisé en plusieurs équipes chacune avec son chef de chantier. Chaque groupe était dirigé par un chef d'équipe. Il fallait compter dix personnes pour l'encadrement.

Certaines équipes étaient composées de plusieurs ouvriers étrangers et en particulier des personnes d'origine turque venues d'une agence d'intérim. Ceux-ci venaient combler le surplus de travail causé par le départ en retraite et le licenciement de certains ouvriers de la maison. C'était la nouvelle politique de la société : licencier ses ouvriers et prendre des intérimaires moins bien payés et qui, parfois, n'avaient pas de papiers et travaillaient au noir. Bien souvent, nous n'avions pas le temps de les connaître, car il y avait un roulement de ces salariés.

Comme le délai de livraison du chantier était, et est encore de nos jours, très court, les éléments en béton étaient fabriqués en usine et assemblés sur site. Il s'agissait de six grues qui rivalisaient avec la Tour Eiffel. Elles dominaient le chantier et s'entrecroisaient dans le ciel portant des panneaux de près de seize tonnes.

Ce soir-là, alors que nous quittions le chantier Carlos et moi, nous entendîmes en passant devant un bungalow qui servait de vestiaire, une dispute puis un cri. Nous nous sommes précipités pour voir ce qui se passait. Sur le sol, gisait un des ouvriers intérimaires baignant dans son sang, tandis qu'un deuxième s'enfuyait un couteau à la main.

— Vite Carlos, appelle de l'aide, je vais essayer de rattraper l'agresseur.

J'ai couru après lui, mais trop tard, il était déjà sorti du chantier et s'était engouffré dans une bouche de métro. Je suis donc revenu sur mes pas.

L'ambulance et la police arrivaient également sur les lieux.

— Est-ce que quelqu'un a vu ce qui s'est passé ? questionna l'un des gendarmes.

— Nous sommes arrivés les premiers sur les lieux, mais nous n'avons pas vu ce qui s'est passé. Nous avons simplement entendu des cris, nous avons vu un gars à terre et un autre qui tenait un couteau à la main. Il s'est enfui dès qu'il nous a aperçus.

— OK, vous allez faire votre déposition à mon collègue puis vous pourrez rentrer chez vous, nous a dit le chef de police. On ne veut plus voir personne à part le responsable du chantier. Nous avons un cas d'agression et moins il y aura d'empreintes, mieux ce sera !

Nous sommes donc tous partis en nous posant bon nombre de questions. Il me semble avoir beaucoup réfléchi pendant le trajet. Je me souviens que je ne connaissais pratiquement pas ces ouvriers qui venaient de l'extérieur, et de plus, ils n'étaient pas dans mon équipe. Je me suis souvent demandé qu'est-ce qui les avait poussés à un acte pareil ?

En tout cas, l'affaire avait été très vite étouffée par l'entreprise et ni moi-même, ni mes compagnons, n'avons jamais réussi à savoir ce qui s'était vraiment passé, ni ce qui était arrivé à l'ouvrier. Néanmoins, cela nous a causé à tous un gros choc. Si en plus de l'asservissement il existe aussi un risque de meurtre, il y a vraiment de quoi s'inquiéter ! Pas de sécurité sur le chantier, pas de sécurité dans les vestiaires. Super, l'ambiance de travail !

Juillet 2000,

Il était 16 h 30 quand j'ai quitté le chantier. En partant, j'avais croisé Michel qui finissait de ranger ses outils.

— À demain, Michel.

— À demain, José.

En début de soirée, alors que je m'apprêtais à dîner, le téléphone sonna. C'était Joaquim, le délégué syndical FO.

— Allô !

— Bonsoir, c'est Joaquim.

— Ah ! Salut Joaquim, ça va ?

— Pas vraiment. Tu es au courant pour Michel ?

— Non, qu'est-ce qui se passe ? Quand je l'ai quitté en fin d'après-midi, il rangeait son matériel pour partir et il allait très bien !

— Après que tu sois parti, il a eu un malaise et il est mort sur le coup. Toute sa famille est sur place, ainsi que le Samu et la police. Ce qui m'inquiète, c'est ce qu'a répondu le chef de chantier aux gendarmes. D'après ce que j'ai cru comprendre, il n'était même pas sur place quand c'est arrivé, il n'a rien vu. Mais tu sais comment ça se passe ? Les chefs ne veulent jamais assumer la responsabilité lorsqu'il y a un accident sur leur site. Je passerai demain sur ton chantier pour avoir plus de renseignements. Salut, à demain.

— OK, à demain alors.

Le lendemain matin, Joaquim était venu sur notre chantier et m'avait informé que le rapport du chef sur l'accident de Michel avait été très défavorable pour le salarié. En effet, il avait affirmé que le malaise qu'avait eu le compagnon n'avait pas été dû aux efforts physiques fournis pendant son travail puisque, selon lui, c'était le manœuvre qui avait fait les plus gros travaux tout au long de la journée. Ce rapport était donc très mauvais, car cet accident dont Michel avait été victime risquait de passer en maladie au lieu d'être reconnu comme un accident du travail. Ce qui voulait dire, dans ce cas, que sa femme ne recevrait qu'une toute petite pension. Je me suis demandé comment elle allait faire pour payer tous les frais de la maison avec deux enfants à charge. J'avais aussitôt demandé à Joaquim qu'il prévienne le syndicat, qu'il se renseigne pour savoir s'il y avait quelque chose à faire. On ne pouvait quand même pas abandonner sa veuve et ses enfants comme ça. Il fallait absolument que ce soit reconnu comme un accident du travail ! J'avais du mal à y croire. C'était un homme en pleine forme qui ne s'était jamais plaint de rien. Il ne pouvait pas avoir eu un malaise juste comme ça, sans raison !

— Je passerai au syndicat cet après-midi et je te tiendrai au courant.

— OK. Moi, en attendant je vais dire deux mots au chef.

— Ne te mets pas en tort, m'a répondu Joaquim, c'est ce qu'il attend !

— Non, ne t'inquiète pas. Appelle-moi cet après-midi. J'aimerais savoir ce que t'a dit le syndicat.

Mon collègue est parti tandis que je me suis dirigé vers les bureaux, à la recherche du chef. Je l'ai aperçu au loin qui s'éclipsait rapidement. J'ai dû courir pour le rattraper et sans plus attendre, je l'ai saisi par le bras.

— Alors chef, depuis quand payez-vous des gars à ne rien faire ? Vous trouvez qu'on n'en fait pas assez ? Vous nous faites courir dix heures par jour sans répit avec des insultes en prime et vous avez encore le culot de dire qu'on ne fait aucun effort physique ? Vous êtes vraiment un pourri !

D'une grande secousse, il avait essayé de se dégager de la pression que j'exerçais sur son bras.

— Lâche-moi, abruti ! Vous êtes tous des handicapés mentaux et des bons à rien, fouteurs de merde sur ce chantier !

À bout de patience, je me souviens que mes nerfs avaient commencé à bouillir. J'ai levé mon poing, prêt à le rabattre sur sa face, mais au dernier moment, je me suis souvenu du conseil de mon collègue et je me suis retenu.

— Vas-y, insista-t-il, qu'est-ce que tu attends ?

— Vous n'en valez même pas la peine. Je ne vous donnerai pas la joie de me voir licencié pour faute grave. Vous allez devoir compter sur ma présence encore quelque temps.

Je l'ai lâché et je suis parti.

Finalement, mes efforts pour convaincre Joaquim de se bouger et d'assumer son rôle en tant que délégué avaient payé. Ne voulant pas d'une autopsie, la Direction avait fini par reconnaître le malaise de Michel comme un accident de travail.

Une quête avait été faite et le directeur avait mis à disposition du personnel un car pour que tous les ouvriers qui le désiraient puissent accompagner Michel jusqu'à sa dernière demeure, un petit cimetière dans sa ville de banlieue parisienne. La veuve était en pleurs tandis que leurs deux enfants qui ne comprenaient pas ce qui se passait, s'accrochaient à leur mère en pleurant également. Sur les visages émus des compagnons, les larmes coulaient discrètement. Beaucoup de parents et d'amis du défunt étaient présents. Les bouquets de fleurs jonchaient le sol. Chacun, à sa façon, avait prononcé son dernier adieu.

Décembre 2002,

Voilà, l'hiver était arrivé, la neige et le verglas aussi. Tout était blanc. Ce matin-là, il faisait très froid. Un beau manteau neigeux recouvrait le paysage. Lorsque je suis arrivé sur le chantier, j'étais frigorifié. J'étais très enrhumé et j'avais l'impression que chaque goutte qui coulait de mon nez allait se transformer en stalactite. Ma moustache était raide, comme si tous les poils s'étaient transformés en baguettes entrelacées.

En rentrant dans les vestiaires, je tombai sur mes collègues en pleine discussion.

— Bonjour les gars !

— Salut José.

— Tu penses qu'on va travailler dans ces conditions ? m'a demandé Carlos.

— Personnellement, j'estime qu'on ne doit pas travailler, c'est trop dangereux. Mais il faut que tout le monde se mette d'accord. Quand le chef arrivera, il ne faudra pas se dégonfler, il faudra l'affronter. Si nous sommes tous unis, il ne pourra pas nous obliger à travailler. De plus, avec ce temps, nous avons le droit de retrait.

À huit heures, personne n'était sorti des vestiaires. Le chef avait débarqué comme un ouragan :

— Qu'est-ce que vous faites ? Pourquoi n'êtes-vous pas à vos postes ?

— Les conditions météorologiques ne nous permettent pas d'effectuer notre travail, avait répondu Ahmed.

— Comment ça ? Siffla le chef comme s'il avait avalé de travers. Vous avez des gants, vous avez des bottes et une bonne veste. Qu'est-ce qu'il faut de plus ?

— Vous n'avez pas compris, a repris Carlos, le terrain et le matériel sont extrêmement glissants. C'est trop dangereux !

— Une fois que vous aurez tout déblayé, ce sera bon, insista le chef.

J'avais d'abord laissé intervenir mes camarades avant de parler à mon tour.

— Perchés au quatrième étage, sans garde-corps et avec des plaques de verglas partout, c'est inutile d'insister, nous refusons de nous mettre au travail dans ces conditions et de risquer nos vies. Vous n'avez qu'à mettre le chantier en « intempéries ». [7]

— Vous allez vous mettre au travail où j'appelle le directeur !

— Appelez qui vous voulez ! Nous exerçons notre droit de retrait ![8]

Le chef était parti furieux. Pendant ce temps, nous étions restés dans les vestiaires et avions attendu. Nous ne pouvions pas quitter le chantier tant que celui-ci n'avait pas été déclaré officiellement en « intempéries », c'est la loi. Une heure plus tard, celui-ci avait réapparu plus furieux que jamais pour nous dire que nous pouvions rentrer chez nous. Le chantier était en « intempéries » pour la journée.

— N'oubliez pas d'être là demain à huit heures pour reprendre le travail ! Insista-t-il néanmoins.

Ce à quoi je n'ai pas pu m'empêcher de répondre.

— Nous serons là, mais nous ne reprendrons le travail que s'il ne neige plus !

---

[7] Annexe 5
[8] Annexe 6

Mars 2004,
décision importante.

Ce jour-là, je m'étais levé de bonne humeur. Les élections arrivaient bientôt et cette fois-ci j'avais décidé de poser ma candidature comme délégué du personnel. Joaquim me harcelait depuis pas mal de temps déjà pour que je fasse partie de son équipe. Il savait que celle-ci avait besoin de quelqu'un comme moi qui n'avait pas la langue dans sa poche. Même lui en tant que délégué syndical se sentait impuissant face aux exigences de l'entreprise, il était trop gentil. Bien souvent, il signait tous les accords proposés par la direction sans même se renseigner d'abord auprès du syndicat pour savoir si cela n'était pas désavantageux pour les ouvriers. Il ne voulait pas être mal vu par la Direction. Or, il est de source sûre qu'un bon délégué syndical est souvent mal vu par la Direction puisqu'il est souvent en désaccord avec les décisions de celle-ci.

À peine arrivé sur le chantier, j'avais informé mes collègues de ma décision. Ceux-ci m'avaient tout de suite encouragé.

— On compte sur toi, m'a dit Monsouri. On votera tous pour toi, n'est-ce pas les gars?

— Ouais, on est tous avec toi, rajouta Carlos, il n'y a que toi pour nous défendre et faire respecter nos droits.

Le jour du vote arriva très rapidement. Malgré le mécontentement de certains chefs quand ils ont appris la nouvelle, je m'étais inscrit sur la liste du délégué du syndicat FO.[9] Les votes pour les compagnons s'étaient déroulés sur l'un des chantiers de l'entreprise, puis les bulletins avaient été transportés au siège pour être comptés. L'un de nous avait accompagné le chauffeur pendant le transport des urnes afin d'être sûr qu'il n'y ait pas de tricherie. La confiance régnait

---

[9] Annexe 7

déjà ! Et ce qui devait arriver, arriva. Notre équipe avait littéralement battu tous les records.

À l'époque, la loi en vigueur était un mandat de deux ans. Sur les 170 salariés CNRO[10] qui avaient voté, nous avions obtenu 150 voix. Cela nous avait permis d'obtenir 3 délégués du personnel ainsi que 3 délégués au comité d'entreprise en tant que syndiqués Force Ouvrière. La CFTC ainsi que la CGT n'avaient pas eu d'élus au CE. De même, les étams et les cadres n'avaient eu qu'un seul élu par catégorie.

À ce moment-là, je ne connaissais pas encore concrètement en quoi consistait le travail du secrétaire du CE. Je ne me suis donc pas opposé à ce que l'élue étam continue à s'occuper du secrétariat et de la trésorerie du comité comme elle l'avait fait depuis plusieurs années. Ceci dit, elle avait toujours été la seule à se présenter à ces fonctions jusqu'à présent. Tous les élus CNRO précédents acceptaient à chaque élection de lui confier cette charge parce qu'eux-mêmes, ne sachant pas très bien lire et écrire le français, ne se sentaient pas capables d'assumer cette responsabilité. Pour sa part, l'élu cadre avait autre chose à faire que de s'occuper du CE. Moi je venais de débarquer, il me fallait un peu de temps pour me mettre dans l'ambiance.

J'étais devenu, en une seule élection, délégué du personnel et délégué du comité d'entreprise.

Je savais que cette élection allait apporter des modifications dans ma vie professionnelle et personnelle mais j'étais confiant et surtout décidé à prendre très au sérieux ces nouvelles fonctions semées d'embûches. Ma femme me soutenait même si ce n'était pas toujours facile pour elle de m'entendre parler, tous les jours, de travail et des problèmes des autres à la maison alors que nous avions nous-mêmes nos propres problèmes.

---

[10] Caisse Nationale de Retraite Ouvrière. Dans le BTP on appelle souvent les compagnons, les CNRO.

La vraie lutte allait commencer,

Lors des premières réunions auxquelles j'ai participé, j'ai fait comprendre à mes camarades que tel ou tel accord, proposé par la Direction ne devait pas être signé à la légère sans vérifier au préalable qu'il ne fut défavorable pour les compagnons. La plupart du temps, ils nous mettaient la feuille sous le nez, nous pressant de signer pour la récupérer tout de suite après.

— Je ne signe rien sans avoir lu d'abord, me suis-je écrié contrarié !

Là, ils ont vu qu'ils allaient avoir du fil à retordre avec moi.

S'il n'y avait qu'une seule feuille, je la lisais tranquillement avant de prendre ma décision. Cela obligeait, en quelque sorte, mes camarades à faire comme moi. Mais si j'estimais que les propositions de la Direction étaient négatives, je ne signais pas, tout simplement. Je ne faisais pas confiance. Mes deux compagnons me laissaient faire d'abord avant de suivre, ensuite, mon exemple. Comme nous étions à trois contre deux, nous réussissions à bloquer les souhaits de la Direction. Quand il s'agissait de plusieurs pages, je ne signais pas non plus et je ne prenais même pas le temps de lire sur place. Je ramenais les documents chez moi pour les étudier tranquillement. Parfois, il y avait des accords à signer uniquement par les délégués syndicaux. Dans ces occasions, je conseillais toujours à Joaquim de ne rien faire sans montrer d'abord le document au syndicat dont nous dépendions. Étant donné qu'ils avaient un service juridique, ils étaient à même de nous expliquer les faces cachées de ces nouvelles propositions.

Par ailleurs, je trouvais également que le CE lui-même, ne proposait pas grand-chose au personnel de la société. Il y avait un petit chèque cadeau en fin d'année pour chaque salarié et pratiquement rien de plus. La secrétaire organisait, une fois tous les deux ans, un voyage avec une destination choisie essentiellement pour plaire à ses copines de bureau. Elle ne nous demandait aucun avis et nous mettait devant le fait accompli une fois qu'elle avait tout organisé. Le problème était le nombre de places limité à une quarantaine de personnes. Aussi, quand l'information arrivait sur les chantiers, après avoir été d'abord divulguée dans les bureaux, il ne restait plus que trois ou quatre places pour les compagnons. Évidemment ceuxci n'étaient pas contents et moi non plus par la même occasion, car l'information aurait dû être diffusée en même temps au siège et sur les chantiers. Mais comme toujours, il y avait de la discrimination, les étams et les cadres d'abord, le reste pour les compagnons. En dehors des voyages, il n'y avait pas non plus d'arbre de Noël pour les enfants. Et lorsque certains compagnons me demandaient s'il n'y avait pas la possibilité d'obtenir, par l'intermédiaire du comité, des places moins chères pour les parcs d'attractions, la réponse était toujours la même :

— Il n'y a pas d'argent !

Cette réponse m'exaspérait au plus haut point, d'autant plus qu'ils ne participaient déjà pas ou peu aux voyages.

— Il faut que ça change, ça ne peut plus continuer !

C'est ce que je me suis dit à ce moment-là et c'est ce que j'ai essayé de faire depuis mon élection.

Changements au sein du CE,

Mon premier mandat n'a pas été très facile. Cela a été deux années de combats et de travail acharnés. Tout d'abord, il a fallu faire obstacle à toutes les décisions négatives, pour les salariés, proposées par la Direction. Ensuite, nous avons exigé la mise en place de meilleures conditions de travail pour les compagnons sur les chantiers. Finalement, nous avons dû affronter la secrétaire pour l'empêcher de n'en faire qu'à sa tête et de dépenser l'argent du CE n'importe comment. La fin du premier mandat est très vite arrivée. Bien que rapides, ces deux années avaient néanmoins commencé à porter leurs fruits lentement, mais sûrement.

Entre-temps, Joaquim, notre délégué syndical, m'avait proposé de devenir représentant FO au CHSCT. Comme il n'y en avait pas, ça tombait bien. N'étant pas délégué du Comité de sécurité à l'époque, je ne pouvais pas assister à ces réunions. Du coup, Il m'a fait mandater par le syndicat, ce qui m'a permis d'être présent. C'est comme ça que j'ai fait le premier pas dans le comité d'hygiène et sécurité.

Notre lutte a commencé tout d'abord par une meilleure reconnaissance des intempéries. Néanmoins, la partie n'était pas encore gagnée et il fallait encore et toujours se battre pour qu'elles soient reconnues automatiquement, sans bagarres avec les chefs. Sur les chantiers où il n'y avait pas de délégués, c'était encore plus difficile, car bien souvent les compagnons n'avaient pas la force nécessaire pour s'imposer. Beaucoup d'entre eux, par peur des représailles, finissaient par aller quand même travailler malgré les risques encourus. Certains chefs de chantier faisaient la sourde oreille.

Un des autres points pour lesquels j'ai dû lutter a été la mise en place de fontaines[11] sur les chantiers. Auparavant, les

---

[11] Annexe 8

compagnons buvaient l'eau du robinet, et ce, par tous les temps. Ce qui veut dire qu'en hiver elle était gelée et en été elle sortait chaude comme du bouillon alors que les températures extérieures étaient déjà difficiles à supporter. Pendant ce temps, les chefs dans leurs bureaux avaient tout ce qu'il fallait. Ce n'était pas acceptable. J'en ai profité, par la même occasion, pour exiger un frigo et un micro-ondes dans les cantonnements. [12]Cela nous permettait de mettre nos boissons au frais pour le repas de midi et de pouvoir réchauffer notre déjeuner lorsque les chauffes gamelles étaient en panne.

Sous mon influence, mes deux collègues délégués et moi-même avons commencé à fréquenter un peu plus souvent la fédération syndicale Force Ouvrière du bâtiment pour être au courant de nos droits. Nous avons également fait pression sur la secrétaire lors de l'une de nos réunions du CE pour une augmentation du chèque cadeau de fin d'année offert aux salariés, à tous les salariés ! Nous ne demandions pas que pour nous.

---

[12] Annexe 9

Novembre 2004,

À midi, la sirène sonna comme d'habitude. C'était l'heure du déjeuner. J'attendais toujours avec impatience cette sonnerie.

— Il était temps, je meurs de faim.

— Moi aussi, répondit Ahmed.

Nous nous sommes dirigés vers le local qui nous servait de cantine. Là, chacun a retiré sa gamelle du chauffe gamelle qui était à la charge du mousse. C'était lui qui, le matin, devait brancher l'appareil et placer toutes les gamelles à l'intérieur pour qu'elles soient chaudes à l'heure du repas des ouvriers.

Chacun s'installa alors à sa place, sauf mon camarade Ahmed.

— Où est ma gamelle, s'écria-t-il alarmé, qui a pris ma gamelle, elle n'est pas dans le chauffe gamelle ? Ce n'est pas marrant les gars, moi aussi j'ai faim, je veux manger !

Mais personne n'a réagi.

Plaisanter j'aimais ça, mais là j'étais intervenu en sa faveur.

— Si quelqu'un lui a fait une blague, c'est le moment de le dire les gars. On n'a qu'une heure pour manger. Ce n'est pas le moment de se disputer!

Mais il fallait se rendre à l'évidence, on lui avait tout simplement volé sa gamelle. Comme le chantier n'avait pas de gardien et n'était pas fermé la journée, tout le monde pouvait entrer et sortir comme dans un moulin. À moins que ce ne soit un ouvrier d'une autre équipe… Il y a tellement de racailles parfois sur le site que l'on ne peut se fier à personne ! Comme je ne supporte pas de voir quelqu'un dans la faim, j'ai partagé mon repas avec Ahmed.

— Après le déjeuner, je vais aller me plaindre au chef de chantier, tu viens avec moi José ?

— Je serais bien venu avec toi, mais il vaut mieux que tu y ailles seul, car tu sais que je ne m'entends pas très bien avec

Lorian. Si je viens, ça risque d'envenimer les choses. Je vais m'énerver comme d'habitude!
— OK, tu as raison, c'est peut-être mieux !
— Mais bon, si jamais ça se passe mal, dis-le moi on y retournera ensemble, il n'y a pas de problème.

Février 2005,

Ce jour-là, occasionnellement, j'avais terminé mon travail plus tôt. J'allais pouvoir rentrer de bonne heure.

Je me suis dirigé vers les vestiaires[13] et j'ai ouvert mon placard. Quelle ne fut pas ma surprise à ce moment-là ! Tous mes vêtements avaient disparu, pantalon, pull, blouson, chaussures, tout. L'armoire était vide ! J'étais consterné.

— Encore heureux que j'avais mon portefeuille sur moi !

Très en colère, je me suis dirigé vers le bureau du chef de chantier.

— Qu'est-ce qui se passe encore ? bafouilla-t-il quand il m'a vu arriver dans cet état.

— Venez avec moi dans les vestiaires, vous allez comprendre.

Nous sommes arrivés rapidement au bungalow qui nous servait de vestiaire.

— Le cadenas de mon placard a été forcé. Mes vêtements ont été volés. C'est inadmissible que les locaux ne soient ni fermés à clef, ni gardés. La dernière fois avec le vol de la gamelle vous nous aviez promis de faire le nécessaire et rien n'a été fait ! J'espère que cette fois-ci vous allez vous en occuper, sinon j'irai trouver le directeur. Il n'y a aucune sécurité nulle part ! Comment vais-je faire pour rentrer chez moi avec ces habits pleins de béton ?

— Je vais te donner une veste et un pantalon de travail neuf pour que tu sois moins ridicule.

— Vous vous moquez encore de moi ? Vous trouvez ça drôle?

— Non, non, pas du tout, ironisa-t-il !

— Et qui va me payer mes vêtements, hein ? Personne, bien sûr, c'est pour ma pomme !

---

[13] Annexe 10

Le chef n'avait même pas répondu.

J'étais contrarié et mal à l'aise dans le train, au milieu des autres passagers. Avec ces grosses bottes de sécurité et mon équipement vert, je ressemblais à un Martien ou à un personnage sorti tout droit d'un film comique. Je n'ai jamais trouvé le trajet aussi long.

Mai 2005,

Ce jour-là, c'était la fin du mois. Mes collègues et moi, enfin surtout mes collègues, car ils étaient plus concernés que moi, espérions être récompensés pour toutes les heures supplémentaires que nous avions faites. En fin de journée, le chef était venu nous distribuer notre paye avant de décamper au plus vite. À l'époque on nous la donnait en main propre, maintenant ils nous l'envoient par courrier. J'ai ouvert rapidement mon enveloppe pour en sortir mon bulletin de salaire. J'avais hâte de voir ce que l'on m'avait payé. À mon grand étonnement, sur les trente heures supplémentaires que j'avais effectuées pendant le mois, il n'y en avait que quinze de payées ! J'ai été alors pris d'une violente colère.

— Quoi ! Tous ces sacrifices pour ça ? Ça ne va pas se passer comme ça ! Je ne lâcherai pas prise tant qu'on ne m'aura pas payé ce que l'on me doit. Dès demain, j'irai trouver le directeur. Il ne faut quand même pas nous prendre pour des imbéciles. Tout travail mérite salaire ! Ils nous payent que la moitié des heures et en plus, on ne peut même pas prendre des journées de repos compensatoire parce que le travail est toujours en retard. D'ailleurs, il est déjà en retard avant même que l'on commence ! Dorénavant, je me limiterai à faire l'horaire prévu dans mon contrat et pas une heure de plus. Il est hors de question que je sois maltraité et mal payé. Je ne veux pas détruire ma vie et ma santé pour remplir les poches des autres. Et les heures qu'ils me doivent, ils devront me les payer jusqu'au dernier centime ! J'enrageais !

Le lendemain matin, à peine arrivé, je m'étais rendu dans le bureau du directeur. Je frappai à la porte.

— Entrez !

— Bonjour, Monsieur le directeur.

— Bonjour José, qu'est-ce qui vous arrive ?

Très en colère, je n'y suis pas allé par quatre chemins.

— Il m'arrive que j'ai effectué trente heures supplémentaires ce mois-ci et vous ne m'en avez payé que quinze !

— Je vous arrête tout de suite ! Ce n'est pas moi qui fais le pointage, mais Monsieur Lorian.

— Dans ce cas, je vais aller le trouver et cela va mal se passer vous pouvez me croire ! Il se moque de plus en plus de nous. Il nous insulte, nous presse comme des citrons et en plus, il ne déclare pas nos heures. Ça ne peut plus durer !

Je m'apprêtais à quitter le bureau lorsque le Directeur me retint.

— Attendez José, je vais m'occuper moi-même de votre problème. Je veillerai personnellement à ce que vos quinze heures vous soient payées le mois prochain. Quant à monsieur Lorian, je m'en charge. Il vaut mieux que vous repreniez votre travail maintenant.

— Merci, Monsieur le directeur.

Puis je suis sorti, mais avant, je lui ai posé une autre condition.

— N'oubliez-pas non plus les heures de mes collègues.

— Ne vous inquiétez pas, je ferai le nécessaire.

Juin 2005,

C'était la fin de la journée et de la semaine.

— Encore heureux qu'on est vendredi, Momo ! J'en ai marre, je suis crevé.

— Tu as raison, moi aussi j'en peux plus. Cette semaine on a travaillé comme des fous.

C'est alors qu'une idée me frappa l'esprit.

— Dis donc ! Ça a été calme, aujourd'hui, non. ? On n'a pas vu le chef de la journée. C'est bizarre !

— C'est normal, aujourd'hui c'était la journée « Travaux personnels ».

— « Travaux personnels» ?

— Tu n'es pas au courant ? s'étonna Momo.

— Non, vas-y explique, c'est quoi?

— Tu n'as pas remarqué que ce matin Lorian a pris deux intérimaires et les a fait charger du matériel dans la voiture de service ?

— Si, mais je n'ai rien vu d'anormal.

— Aujourd'hui, le chef est parti bricoler dans son pavillon. Il a pris sur le chantier le matériel dont il avait besoin, a embarqué deux hommes payés par la société, et ni vu, ni connu, ils sont partis en direction de son domicile. Comme ça, il se construit sa baraque gratuitement.

— Mais, c'est très grave ce qu'il fait ! Et s'il y a un accident?

— Ne t'inquiète pas, va ! Il doit avoir pensé à tout.

— Le patron est au courant?

— Je ne pense pas. En tout cas, c'est une pratique très courante sur les chantiers. Alors ne t'en mêle pas, sinon tu seras la cible de tous les chefs qui profitent de ce procédé.

— Hum ça va être dur de tenir ma langue, c'est quand même grave. Dorénavant, il n'a pas intérêt à me faire chier si un jour j'ai besoin de quelque chose.

Quelques jours plus tard, Félix, un jeune apprenti qui se trouvait sous ma tutelle, s'est aperçu qu'il avait perdu son marteau. Il est allé trouver le chef pour en avoir un autre. Celui-ci lui avait répondu qu'il n'en avait pas et qu'il devait se débrouiller pour s'en procurer un. Félix était donc retourné travailler. Je n'étais pas au courant de ce qui s'était passé ; aussi, j'avais été très étonné quand il m'avait demandé de lui prêter mon marteau.

— Dis-moi Félix, où est ton marteau ? Comment veux-tu apprendre la profession si tu n'as pas ton matériel ?

— Je l'ai perdu, Monsieur, et le chef de chantier a refusé de m'en donner un autre.

— Quoi ? Lorian a refusé de te donner un marteau ?

— Oui, il m'a dit de me débrouiller pour m'en acheter un autre.

— Attends-moi là deux secondes, je vais aller le trouver.

Je suis parti à la recherche du chef qui se trouvait de l'autre côté du chantier. Je bouillais tellement intérieurement que je n'y suis pas allé avec des pincettes.

— Pourquoi avez-vous refusé de donner un marteau à Félix ? Même s'il est apprenti, il a le droit d'avoir du matériel pour travailler. C'est un des éléments de base que tout ouvrier du bâtiment doit recevoir lorsqu'il est embauché sur un chantier et vous le savez très bien.

— Je n'en ai pas.

— Comment ça, vous n'en avez pas ? Vous en avez toujours à la pelle dans votre bureau. Sinon, vous en faites la demande au dépôt.

— Je te dis que je n'en ai pas, point barre.

— Alors, allez en chercher un chez vous.

— Que veux-tu dire par-là ?

— Vous savez très bien de quoi je parle ! Je pense que c'est plus sérieux d'avouer que l'on a perdu son marteau et d'en demander un autre, que de se servir de matériel bien plus onéreux sans en parler à personne.

Se sentant personnellement visé, le chef n'avait pas voulu continuer la conversation.

— Dis-lui de venir me voir dans mon bureau, je vais voir si je trouve quelque chose.

— Vous voyez, Monsieur Lorian, quand vous voulez, vous pouvez être très compréhensif !

Mais celui-ci repartait déjà en marmonnant :

— Quel con, celui-là ! Vivement qu'il quitte mon chantier, je ne peux pas le voir.

Novembre 2005,

Ce jour-là, il y avait de l'agitation sur le chantier. Les grues semblaient être devenues folles. Elles sifflaient et virevoltaient dans tous les sens comme si elles étaient engagées dans un concours de danse effréné.

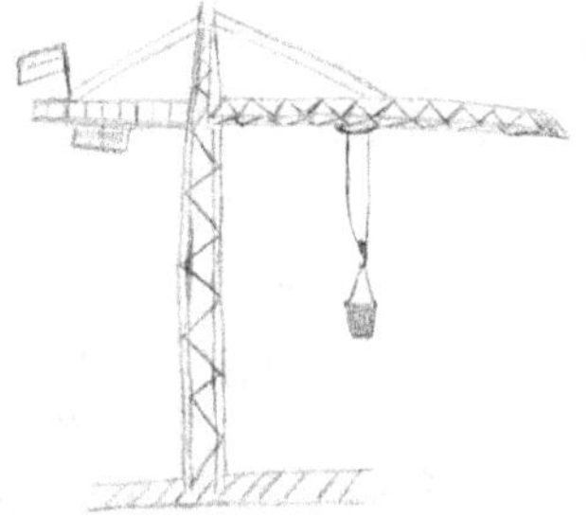

Les chefs et les conducteurs de travaux, téléphone en main, faisaient des allers retours incessants. Ils s'arrêtaient ici, donnaient un ordre là-bas, reprenaient les communications sur leur téléphone. Ils semblaient encore plus agités que les grues.

Bref, le brouhaha devenait insupportable. On se serait cru en enfer ! Les camions allaient arriver pour décharger du gros matériel : des poutres, des prédalles, des prémurs, etc. Il fallait dégager les accès pour faciliter les manœuvres de déchargement. Une fois débarrassés de leur charge, les camions faisaient marche arrière pour faire un demi-tour et repartaient.

Les déchargements finaux touchaient à leur fin, quand soudain je m'aperçus du danger qui guettait Alain, le chef d'équipe. Celui-ci était de dos ; il donnait des ordres. Il ne voyait ni n'entendait le camion qui reculait pour se placer à l'endroit du déchargement. Désespérément, je lui faisais des signes, je l'appelais, mais en vain. Nous étions trop loin l'un de l'autre. Je me suis alors élancé en direction du camion pour prévenir le chauffeur, mais trop tard. Le véhicule chargé de plusieurs tonnes heurta violemment mon collègue. Celui-ci fut projeté à terre et bien que portant un casque, son crâne a heurté le sol, il est mort sur le coup. Entre-temps, attiré par les cris et les gestes des ouvriers, le chauffeur avait arrêté son camion pour voir ce qui se passait. Il s'en était fallu de peu qu'il ne réduise en bouillie le corps déjà inerte d'Alain. Il venait de réaliser à ce moment qu'il avait tué un homme ! Pris de violents tremblements, il s'était accroché aux ouvriers qui se trouvaient près de lui pour ne pas défaillir. Il était traumatisé. Il répétait sans arrêt, la tête entre les mains :

— J'ai tué un homme ! J'ai tué un homme !

Les pompiers et la police étaient arrivés rapidement sur le chantier. Le médecin légiste était là aussi. Les ouvriers avaient été priés de quitter les lieux et de reprendre leur travail. Un des pompiers s'était occupé du chauffeur toujours en état de choc. Une enquête allait être faite. J'étais bouleversé aussi, je n'étais pas arrivé à temps pour empêcher l'accident. Tout le monde se sentait un peu concerné et accablé.

Le patron s'était déplacé également sur les lieux.

— Je ne comprends pas qu'une chose pareille soit arrivée, s'était exclamé Carlos. Les camions sont déjà venus tellement de fois décharger, pourquoi a-t-il fallu que ça arrive aujourd'hui ? Peut-être devrait-il y avoir des panneaux de signalisation sur le chantier pour empêcher toute manœuvre dangereuse. N'y aurait-il pas un moyen d'équiper ces camions de systèmes qui permettraient aux chauffeurs de voir et détecter une présence derrière leur camion ?

Sa remarque m'avait interpellé.

— Il me semble que ça existe. Je crois avoir déjà lu ça dans un magazine sur le bâtiment.[14] Je vais demander à Gomes de faire le nécessaire lors de la prochaine réunion du CHSCT. Je ne suis pas délégué de la commission de sécurité pour le moment et en tant que simple représentant FO au CHSCT, normalement je n'ai qu'une voix consultative, je ne peux prendre aucune décidion ou initiative.

---

[14] Annexe 11

Mars 2006,

Les jours étaient passés et la fin du chantier arriva. Ce jour-là, comme à chaque fin de chantier, c'était le jour du méchoui et la pose du drapeau de l'entreprise sur le bâtiment achevé. Nous ne devions travailler que de sept heures à treize heures pour partager ensuite, tous ensemble, une collation. C'était la tradition

— C'est bon les gars, il est treize heures ; on va pouvoir se laver et se changer, avant d'aller manger. J'espère que le chef a choisi un bon traiteur !

— Moi aussi, ajouta Ali, je meurs de faim.

La table était prête. Après l'apéritif, comme des abeilles, nous tournions autour des différents plats proposés. J'avais été le dernier à me servir. Mais à peine avais-je mis un morceau de viande dans la bouche, je l'avais recraché aussitôt.

— C'est dégoûtant, qu'est-ce que c'est ?

— Je ne sais pas, mais ce n'est vraiment pas bon ! confirma l'un de mes collègues.

Le chef qui avait mangé, auparavant, tout seul dans son bureau était venu se joindre au personnel. Il s'était approché de moi discrètement histoire d'entendre de quoi je parlais. Il n'avait pas été déçu du voyage !

— Vous ne mangez pas ? m'a-t-il demandé.

— Comment voulez-vous que l'on mange ça ? C'est infect.

— Comment ça ? On vous paye le méchoui et vous faites les difficiles !

— C'est immangeable ! Vous voulez nous empoisonner ?

— Vous dites n'importe quoi ! se défendit-il.

— Vous avez goûté ? demanda Ahmed.

— Non !

— Alors allez-y, goûtez, vous apprécierez peut-être.

Mon collègue avait pris un morceau de viande et l'avait tendu au chef. Ne voulant pas se rabaisser, celui-ci l'avait avalé tout en essayant de cacher les grimaces que lui provoquait un relent de dégoût.

— Ce n'est pas mauvais, réussit-il à articuler.

Ça m'avait scié, autant de mauvaise foi. Mais je n'en attendais pas moins de lui.

— Alors, si c'est bon, vous pouvez tout manger. Je rentre déjeuner chez moi.

Sur ce, je partis. En passant par les vestiaires pour prendre mes affaires, je croisai le directeur qui s'étonna de ma présence.

— Le méchoui est déjà terminé ?

— Non, mais je préfère aller manger chez moi.

— Mais pourquoi ? Insista-t-il. Qu'est-ce qui se passe ?

— Ce qui se passe ? Ce qui se passe c'est que la viande est tout simplement dégueulasse. Il n'y a vraiment pas d'autres mots !

— Vous délirez.

J'étais déjà contrarié et il en remettait une couche en doutant de ma parole.

— Si vous ne me croyez pas, allez goûter, vous m'en direz des nouvelles !

— Très bien, je vais y aller, venez avec moi.

Je n'ai pas eu le choix que de le suivre. Nous, nous sommes dirigés ensemble vers la table. Le directeur prit un morceau de viande qu'il recracha immédiatement. En voyant sa réaction, je n'avais pas pu cacher ma satisfaction.

— Alors, Monsieur le Directeur, qu'en pensez-vous ? C'est bon, n'est-ce pas ?

— Vous avez raison, c'est infect !

Sur ce, il avait aussitôt appelé le chef de chantier.

— Dites-moi, Monsieur Lorian, c'est vous qui vous êtes occupé du repas de fin de chantier, il me semble…

— Oui, Monsieur.

— Alors pourquoi avez-vous commandé quelque chose d'aussi dégoûtant ?

— C'est ce que j'ai trouvé de meilleur marché, balbutia-t-il cherchant une explication.

— Comment ça ? Je vous ai pourtant donné suffisamment d'argent pour acheter quelque chose de potable. Comment se fait-il que vous n'ayez pu acheter que ça ? Les ouvriers ont raison ; ils méritent quand même plus de considération, surtout après le travail qu'ils ont fourni pour que le chantier soit terminé dans les temps. Vous passerez dans mon bureau demain pour me rendre des comptes à ce sujet.

— Bi… bien, Monsieur.

— C'est bon les gars, avait alors déclaré le directeur en s'adressant à nous, vous pouvez rentrer chez vous, vous y mangerez certainement mieux qu'ici !

Nous sommes alors tous partis, lui de son côté et nous du nôtre.

— Qu'est-ce que tu en penses ? demanda Carlos.

— Vous savez ce que je crois, je pense que le chef a acheté de la « m.... » pour nous et a gardé le reste de l'argent pour lui. Comme ça, il pourra inviter sa famille au restaurant en savourant ce qui nous revenait de droit.

Mes camarades étaient tous de mon avis.

— Il n'avait pas le droit de nous faire ça, insista Ali. Cet argent faisait partie du budget du chantier et pas de son budget personnel.

Momo qui avait une dent contre lui depuis le fameux épisode du vol de sa gamelle n'avait pas non plus caché son mécontentement.

— Je pense que le poste qu'on lui a confié, et qu'il a obtenu à force de moucharder, lui est monté à la tête. Il va falloir remédier à ce problème et le faire revenir à la réalité. Qu'en penses-tu, José.

— Tu as raison, on va s'en occuper. Allez, à demain les gars!

Avril 2006,
2ème mandat

Les nouvelles élections s'étaient encore bien déroulées, car nous avions réussi à obtenir une nouvelle fois la majorité. Tout le travail effectué en faveur des compagnons sur les chantiers lors de notre première élection avait porté ses fruits. Avec près de soixante-dix gars qui nous soutenaient et nous faisaient confiance au quotidien, nous avons créé notre propre syndicat à l'intérieur de l'entreprise, le « Syndicat FO du personnel L.A.D.E ». Je dis bien un syndicat et non pas une section syndicale qui n'a aucune valeur juridique.[15]

J'ai pensé que certains d'entre vous seraient peut-être intéressés de faire comme nous, c'est-à-dire créer également leur syndicat. Du coup, dans les quelques pages qui vont suivre, je vais vous expliquer rapidement comment nous avons fait et quelles sont les principales démarches.

Pour créer un syndicat, il faut absolument rédiger des statuts et les déposer en Mairie.[16] Cette formalité est indispensable, car elle permet au syndicat de collecter les cotisations des adhérents, d'obtenir un local au sein de l'entreprise, d'afficher des informations, et de distribuer des tracts, d'ouvrir un compte à la banque mais surtout, d'acquérir la personnalité juridique et d'agir en justice pour son propre compte, et pour le compte d'un salarié. Le syndicat, tout comme une association, est une personne morale.

Pour la rédaction des statuts, il est nécessaire de respecter un certain nombre de règles. Les statuts devront contenir des informations sur la constitution, la composition et le fonctionnement du syndicat. La plupart des confédérations de

---

[15] Annexe 12

[16] Art.R2131-1 du Code du Travail.

syndicat possèdent des modèles ou des statuts pré imprimés où il n'y a qu'à rajouter le nom et l'adresse du siège social du nouveau syndicat créé. Pour notre part, nous avons choisi d'adhérer au syndicat Force Ouvrière du bâtiment. Il faut, dans un premier temps, faire réunir une assemblée constitutive du syndicat qui rédigera les statuts et désignera la liste des dirigeants. Cette liste comprendra les noms des membres du conseil d'administration du syndicat (leur adresse, leur date de naissance) et le nom des membres du bureau exécutif. Les statuts devront indiquer le mode de fonctionnement du syndicat et les dispositions diverses légales.

CONFEDERATION GENERALE DU TRAVAIL

FORCE OUVRIERE

Statuts du Syndicat

....

....

....

Article premier. - Il est fondé entre tous ceux qui adhèrent aux présents statuts un syndicat qui prend pour titre :

Syndicat Force Ouvrière

d..

....

(Indiquer le secteur d'activité ou la profession)

à

....

(Indiquer la localité)

Son   siège   social   est   fixé   à

....

Art. 2.- Le syndicat s'interdit dans ses assemblées toutes discussions politique, philosophique et religieuse n'ayant pas de relation directe avec la défense des intérêts professionnels ou des libertés salariales et des droits de syndicalisme. Conformément à la Charte d'Amiens, le syndicat affirme solennellement son indépendance à l'égard du patronat, des gouvernements, des partis politiques et des religions. Notamment, le syndicat n'adhère à aucune organisation politique et ne participe à aucun congrès politique, chacun de ses membres restant à cet égard libre de faire individuellement ce qui lui convient, en réciprocité il ne doit pas introduire dans le syndicat les opinions qu'il professe au dehors.

Art. 3. - La durée de ce syndicat est illimitée, ainsi que le nombre de ses adhérents. Il ne sera pas admis dans le syndicat de membres honoraires. Les compétences territoriale et professionnelle du syndicat sont déterminées par l'article 1 des présents statuts.

BUT DU SYNDICAT

Art. 4. - Le syndicat a pour but :

1° La défense des intérêts matériels et moraux des travailleurs : salariés, chômeurs et retraités.

2° De conclure des accords portant sur les conditions de travail, de rémunération, de protection et de garanties sociales et économiques de ses membres et, d'une façon générale, des salariés occupés dans les professions de son ressort géographique et professionnel.

3° De resserrer les liens de solidarité et d'unir en un seul bloc tous les travailleurs pour développer entre eux l'idée de la démocratie économique et lutter contre toute forme d'exploitation capitaliste privée ou d'Etat.

Art. 5. - Afin de concourir plus efficacement à la réalisation de ces différents points et aussi pour affirmer ses principes de solidarité, le syndicat adhère à :

La Fédération nationale,

l'Union départementale

et à l'Union locale des syndicats confédérés Force ouvrière de

Sous conditions de l'affiliation à la Fédération et à l'Union départementale ci-dessus désignées, le syndicat fait partie intégrante de la Confédération générale du travail Force ouvrière.

ADMISSIONS, COTISATIONS, DEVOIRS DES ADHERENTS

Art. 6. - Peuvent et sont invités à faire partie du syndicat tous les travailleurs de la branche professionnelle sans distinction de sexe ni de nationalité.

Les mineurs ne peuvent pas participer à l'administration ou à la direction du syndicat.

Art. 7. - Tout adhérent au syndicat devra acquitter une cotisation mensuelle dont le montant est fixé annuellement par l'Assemblée générale, sous réserve de l'observation de la cotisation minimum, fixée par les statuts de la Confédération,

Ensuite, nous avons dû aller chercher un dossier de création de syndicats professionnels à la Mairie de la ville dans laquelle serait situé le siège social. Normalement, c'est au service des élections. Le comble, c'est que certaines Mairies ne connaissent pas ces documents et sont complètement incapables de renseigner sur le sujet, ni de fournir les documents. C'est ce qui nous est arrivé. Nous avons dû aller demander le dossier dans une ville voisine après avoir expliqué au fonctionnaire que malheureusement, il y avait des municipalités complètement à côté de la plaque.

Il faut remplir ce dossier en double exemplaire, en y inscrivant le nom exact du syndicat créé. Nous avons intitulé le nôtre : Syndicat FO des personnels L.A.D.E. Il faut également inscrire l'adresse. Souvent, le siège social du syndicat crée est situé à la même adresse que l'employeur mais ce n'est pas obligatoire, l'employeur peut refuser. Dans ce cas, il faut soit se procurer une boîte postale, soit mettre le siège chez l'un des membres du bureau. Il faut préciser la date de création, le nombre d'adhérents ainsi que les noms et adresses des Président, Secrétaire et Trésorier (partie du haut du document ci-dessous). Nous n'avons pas rempli le tableau du bas de la page.

SYNDICAT PROFESSIONNEL

Nº D'INSCRIPTION
AU RÉPERTOIRE
(départemental)

DÉPARTEMENT d ....

Dénomination exacte du syndicat ....

Siège Social { Commune ....
{ Rue et numéro ....

Date de la création ....

Date de la Déclaration ....

Avis du Procureur de la République
(le syndicat a-t-il ou non été classé) ....

Nombres de membres .... Hommes :   Femmes :   Total :

Adhérent à ? ....

Noms
et adresses
{ du Président ....
{ du Vice-Président ....
{ du Secrétaire ....
{ du Trésorier ....

INSTITUTIONS DU SYNDICAT AYANT FONCTIONNÉ EN 19____

INSTITUTIONS CRÉÉES PAR LE SYNDICAT (1)	RÉPONDRE OUI ou NON	INSTITUTIONS CRÉÉES PAR LE SYNDICAT (2)	RÉPONDRE OUI ou NON
Bibliothèque professionnelle		Société coopérative de production	
Caisse de secours en cas de maladie (3)		Publications faites par le syndicat { Bulletin ou journal (Annuel ou mensuel)	
Caisse de retraites		{ Annuaire (Annuel ou semestriel)	
Caisse de chômage, vie chère ou accidents de grève		19	
Cours professionnels			
Laboratoires d'analyses ou d'expertises			
Caisse de crédit mutuel			
Société coopérative de consommation, économat			

Participation à des congrès professionnels (où, sous, vers, de l'an mal. — Lesquels ?)

À l'intérieur de ce dossier, il faut joindre le procès-verbal de l'assemblée générale constitutive que vous avez organisé avec les autres adhérents. C'est lors de cette assemblée que vous avez décidé des conditions de fonctionnements de votre syndicat. Il faut y ajouter également les photocopies des pièces d'identités des membres du bureau ainsi que les statuts de votre syndicat.

Une fois la démarche accomplie, la mairie remettra au syndicat un récépissé de dépôt. (Document ci-dessous)

MAIRIE DE

vous correspondant

Direction Générale des Services
Secrétariat général et affaires juridiques

**RÉCÉPISSÉ DE DÉPÔT DE STATUTS –
CRÉATION DE SYNDICAT PROFESSIONNEL**

CONFORMÉMENT À L'ARTICLE R 431-1 DU CODE DU TRAVAIL

Dépôt effectué le ....

Par M / MME ....
en qualité de.. (Secrétaire – Secrétaire adjoint) du
Syndicat Professionnel.

Dépôt réalisé en vue de la création du Syndicat Professionnel ....
.... (Dénomination exacte du Syndicat)
dont le siège social est situé ....
.... (Adresse exacte)

Documents déposés :

Nom de l'agent

Signature et tampon du Secrétariat Général.
(Original du récépissé de dépôt est remis au demandeur, copie est conservée par le Service.)

TÉL. 00.00.00.00.00
FAX. 00.00.00.0000

HÔTEL DE VILLE B.P. 1406 –

Lorsque les statuts du syndicat ont été déposés à la mairie, ils sont transmis au procureur de la République et à la Préfecture. Une fois cette formalité effectuée et les statuts validés, le syndicat sera déclaré officiellement.

Ci-dessous le courrier de la Mairie nous informant de la transmission des statuts Procureur.

MAIRIE DE

DIRECTION DE L'URBANISME ET DE LA VIE ECONOMIQUE
Service de la vie économique et de l'emploi
☎ : 01.00.00.00.00.
Fax : 01.00.00.00.00.
email : ________ @mairie- ________.fr

Objet : transmission des statuts au procureur.

Monsieur,

Dans le cadre de la procédure organisée par l'article R. 411-1 du Code du Travail, qui prévoit que « le dépôt des statuts de Syndicat Professionnel", doit être communiqué par le maire au procureur de la République », je vous prie ce bien vouloir trouver ci-joint copie du courrier envoyé au procureur en date du 3 juillet 2007.

Vous en souhaitant bonne réception, je vous prie d'agréer, Monsieur l'expression de mes sincères salutations.

Responsable du service de la vie économique et de l'emploi

Courrier de la Mairie au Procureur de la République.

M. le Procureur de la République
Tribunal de Grande Instance de

179-191 avenue Joliot Curie
CEDEX

RECOMMANDE AVEC AR

, le

Objet : Procédure de transmission prévue à l'article R 411-1 du Code du Travail.
Dépôt de statuts de Syndicat Professionnel.

Monsieur le Procureur de la République,

La procédure organisée par l'article R. 411-1 du Code du Travail prévoit que
« le dépôt des statuts de Syndicat Professionnel, prévu à l'article L 411-3 du Code du Travail,
a lieu à la mairie de la localité où le syndicat est établi. Communication des statuts doit être
donnée par le maire au procureur de la République ».

Conformément à ces dispositions, je vous prie de bien vouloir trouver ci - joint les statuts
déposés en mairie le   en vue de la création du Syndicat Professionnel
suivant :

Syndicat Force Ouvrière des personnels L.A.D.E.

Je vous prie de croire, Monsieur le Procureur de la République, en l'expression de ma
considération distinguée.

Maire de

☎ 01.00.00.00.00
Télécopie : 01.00.00.00.00

HOTEL DE VILLE-B.P1409-.

Dernière chose enfin, nous avons également déclaré notre syndicat auprès de l'union départementale FO.

Avis de Création de Syndicat
(Loi de 1884)

Déclaration faite par[1] :
☐ l'Union Départementale de   ....
☐ la Fédération de   ....

Syndicat créé :

Date de création   : _/_/_/_/_/_/_/_/

Intitulé du syndicat   : ....

Champ de compétence professionnel et géographique du syndicat : ....

Composition du Bureau :

Secrétaire : ....   Trésorier : ....
Adresse : ....   Adresse : ....

Secrétaire adjoint : ....   Trésorier adjoint : ....
Adresse : ....   Adresse : ....

Archiviste : ....

Fédération de rattachement   : ....

Union Départementale de rattachement : ....

Syndicat National de rattachement (le cas échéant) : ....

N° de récépissé de déclaration à la Mairie et à la Préfecture : ....

Date de création   : _/_/_/_/_/_/_/_/

Nota : Les statuts du syndicat doivent impérativement être joints à ce document pour que l'enregistrement soit effectif.

Cadre réservé à la Confédération

Date d'enregistrement   : ....
Codification   : ....
Visa du Secrétaire Général : ....

[1] Coche la case correspondante.

Pour information,

« Tout adhérent d'un syndicat professionnel peut, s'il remplit les conditions fixées par l'article L.2131-5, accéder aux fonctions d'administration ou de direction de ce syndicat. » (Art. L2131-4 du code du travail)

« Tout membre français d'un syndicat professionnel chargé de l'administration ou de la direction de ce syndicat doit jouir de ses droits civiques et n'être l'objet d'aucune interdiction, déchéance ou incapacité relative à ses droits civiques ».

« Sous les mêmes conditions, tout ressortissant étranger âgé de dix-huit ans accomplis adhérent à un syndicat peut accéder aux fonctions d'administration ou de direction de ce syndicat. » (Art.L2131-5 du code du travail)

Par ailleurs, il faut savoir que depuis 2009, les syndicats sont soumis aux obligations comptables définies au code du commerce. La comptabilité est plus ou moins simplifiée selon les ressources annuelles du syndicat. En dessous d'un certain seuil, il suffit de tenir un livre mentionnant chronologiquement le montant des recettes et des dépenses. C'est le cas de notre syndicat. [17]

Voici un schéma pour que vous puissiez comprendre un peu mieux.

---

[17] Art.L.2135-1 du Code du Travail.

<u>Comment se calculent les ressources de l'année</u>

Cotisations reçues	+
Reversements des cotisations	-
Subventions reçues	+
Autres produits d'exploitation perçus	+
Produits financiers perçus	+
Total des ressources	=

Donc, selon la loi, si les ressources sont inférieures à 2000 euros, nous avons la possibilité de tenir juste un livre. Si les ressources sont entre 2000 et 230 000 euros, nous pouvons établir des comptes simplifiés (bilan, compte de résultat). Au-dessus de 230 000 euros, il est obligatoire d'établir un bilan, un compte de résultat et une annexe. Il y a obligation de nommer un commissaire aux comptes.

Nous, nous situons dans le premier cas de figure ; du coup, cela nous simplifie la vie, pas besoin d'être comptable, nous n'avons qu'un cahier dans lequel le trésorier inscrit les recettes et les dépenses.

Ensuite, un peu comme une association, il faut convoquer une assemblée générale une fois par an pour définir avec tous les adhérents le prix de la carte syndicale, ainsi que les revendications demandées. Revendications que le délégué syndical devra négocier avec la Direction en début d'année au moment des NAO (négociations annuelles obligatoires) dans le jargon syndical.

Un an plus tard, après la constitution de notre syndicat, c'est-à-dire en 2007, les élections du CHSCT étaient arrivées à échéance. Cette fois-ci, j'étais également décidé à me présenter. En effet, les représentants en place ne connaissaient ni le travail effectué sur les chantiers, ni le rôle que devait jouer un membre du comité de sécurité. Les élus actuels avaient été mis en place pour signer tous les accords demandés par le patron, peu importait qu'ils fussent bons ou mauvais pour les salariés. Cela revenait au même de dire que les compagnons ne pouvaient pas compter sur leur aide. En cas d'accident du travail, c'était toujours de la faute du salarié (comme si nous faisions exprès de nous blesser ou pire, de nous tuer !) et non par manque de sécurité sur les chantiers. En cas de maladie professionnelle, c'était le même problème. Il était très difficile, pour ne pas dire impossible, de la faire reconnaître. Quand un ouvrier était cassé, qu'il ne donnait plus de rendement, il était viré comme un mal propre. Vous comprenez bien que si un compagnon avait des problèmes de santé, ce ne pouvait être dû aux longues années d'investissement physique dans l'entreprise, c'était parce qu'il avait d'autres activités en dehors qui lui avaient provoqué sa maladie. Évidemment, il n'était pas question que le patron paye quoi que ce soit pour un salarié qui, après avoir donné tout ce qu'il avait dans les tripes, devait rester à la maison.

La Direction avait donc lancé, selon la loi, un appel à candidatures pour les élections. Tous les salariés de l'entreprise pouvaient poser donc proposer leur candidature. Le jour des élections, les trois élus FO au CE, c'est-à-dire mes deux collègues et moi-même, nous nous sommes présentés pour voter. Nous étions tous les trois candidats. À part nous et un cadre, personne d'autre n'avait voulu postuler pour ces élections. Les votes sont effectués par les titulaires du CE et les délégués du personnel, c'est-à-dire nous. Vu le nombre de candidats, les votes ont été très rapides. Nous avons voté pour nous-mêmes. Et comme par rapport au nombre de salariés dans l'entreprise, il fallait qu'il y ait trois élus compagnons et au moins un agent de maîtrise, nous avons été élus tous les trois. Voilà, je venais de me retrouver délégué du CHSCT. Maintenant à trois contre un, les décisions allaient basculer lors des réunions. Je n'ai pas voulu être secrétaire tout suite, c'est donc l'élu cadre qui a assumé la fonction. Ces réunions sont réalisées tous les trois mois, à chaque fois sur un chantier différent. La réunion commence toujours par une visite du site pour faire le constat de ce qui ne va pas, puis se termine par la réunion en elle-même ou différents points sont abordés, notamment les conditions de travail, la pénibilité et les améliorations prévues. La plupart du temps, ces rencontres étaient très animées car j'étais rarement d'accord avec les propositions faites par le patron, président du CHSCT, et celles du cadre qui allaient en faveur de son supérieur. Étant donné que mes collègues n'osaient rien dire, je me retrouvais donc seul en conflit. Mais cela n'avait pas d'importance. Je savais ce qui était le plus adapté pour les compagnons, allant même jusqu'à taper du poing sur la table s'il le fallait. Je tiens quand même à rappeler que le Comité d'Hygiène et Sécurité ne s'applique pas qu'aux salariés du bâtiment ; on le trouve dans toutes les branches professionnelles et il intervient également auprès des employés administratifs. C'est l'élu cadre ou Etam qui s'en occupe.

Luttes après luttes, certaines choses s'étaient améliorées, d'autres peinaient encore à voir le jour. Peu de temps après ma nomination, j'avais demandé qu'on ait un placard chacun avec deux compartiments séparés, un côté pour les vêtements sales, l'autre pour les vêtements propres. Il n'était pas normal que nos vêtements de ville se retrouvent mélangés aux tenues de travail pleines de béton ou d'huile. Par ailleurs, concernant les vêtements de travail, l'entreprise nous fournissait un équipement complet une fois par an. Celui-ci comprenait un pantalon, une veste et une paire de bottes. Une fois ces vêtements déchirés ou usés, c'était au cas par cas. Si, par chance, l'ouvrier s'entendait bien avec son chef, le salarié avait le droit à une nouvelle tenue, sinon il devait travailler avec des vêtements en lambeaux. C'était inadmissible. Avec toutes les ferrailles sur les chantiers, comment ne pas faire des accrocs ? Et encore, on pouvait s'estimer heureux quand ce n'était que les vêtements. Sur ce point, j'avais tellement bataillé pendant des mois et des mois que j'avais fini par obtenir gain de cause. Il avait donc été conclu que dorénavant les compagnons recevraient un paquetage une fois par an comprenant : trois pantalons d'hiver et trois pantalons d'été, trois paires de chaussures de sécurité, trois t-shirts, une doudoune, un gilet et un polaire. À chacun de nous ensuite d'en faire bon usage. Le tout était distribué dans un grand sac de sport. Cela représentait déjà un bon progrès.

Le temps passe et certaines choses n'ont presque pas changé malheureusement.

2008, dix-huit ans déjà que je travaille dans le bâtiment et malgré notre investissement personnel, j'ai l'impression que presque rien n'a changé ou du moins pas suffisamment à mon goût… Le monde du travail est devenu une jungle où règne la loi du plus fort. Les employeurs engloutissent leurs malheureuses proies qui n'ont d'autres remèdes que la soumission. Certes, quelques lois sur la sécurité sur les chantiers ont vu le jour mais qui les applique ? Les sociétés, happées par la loi de la concurrence, acceptent des marchés à des prix et délais dérisoires, impossibles à mettre en pratique sans que s'y reflète l'insécurité des compagnons. Bien sûr, de nos jours, les machines sont plus modernes et équipées de systèmes de sécurité, me direz-vous. Mais quel système a été mis au point pour détecter la fatigue du corps humain, pauvre machine vulnérable ? Car c'est bien ce que nous sommes sur les chantiers.

Lors des réunions du CHSCT, la Direction nous répète sans arrêt qu'il faut privilégier la sécurité avant tout mais toutes ces belles paroles ne sont que du pipeau et s'envolent une fois les réunions terminées. Je ne peux pas admettre ça. Et comme d'habitude, c'est encore moi qui affronte la Direction en la mettant devant les faits accomplis. Parfois, le patron de la société qui est loin d'être au courant de tout ce qui se passe sur les chantiers, n'en revient pas lui-même. C'est évident qu'après les informations que je déballe, certaines grosses têtes vont tomber. Je ne suis pas une balance mais mon rôle en tant que délégué est de veiller à la sécurité de mes collègues ; alors haut placés ou pas, si quelque chose ne va pas, je le dis, que ça plaise ou non !

Lors de mes visites de sécurité sur les chantiers, je prends note des réclamations de mes collègues et je fais la visite du site en vérifiant que les normes de sécurité sont bien appliquées. Si ce n'est pas le cas, je le signale aux chefs de chantiers ou conducteurs de travaux. Si ceux-ci acceptent mes remarques et me garantissent qu'ils vont faire le nécessaire, OK. Mais en cas de discorde, cela m'arrive souvent malheureusement, je l'écris directement sur le cahier du chantier ce qui me vaut très souvent la colère des responsables. Ils ne souhaitent qu'une chose : que je ne débarque jamais sur leur terrain. Je suis leur bête noire, mais je m'en moque !

Décembre 2008,

Le gros œuvre étant terminé, le drapeau posé, presque tous les compagnons avaient été envoyés sur d'autres chantiers. Seuls quelques-uns étaient restés pour les derniers travaux de béton un peu plus légers. Je faisais partie de ce groupe d'une dizaine d'hommes restés sur le chantier.

Ce matin-là, il faisait froid, un vent glacial me transperçait jusqu'aux os. J'ai relevé mon col et enfoncé mon bonnet sur la tête. Comme un automate, j'ai parcouru le trajet habituel. J'avais hâte d'arriver sur le chantier pour me réchauffer dans les vestiaires. À cette heure-ci, le jour n'était pas encore levé. Par-ci par-là, dans les maisons, quelques ampoules s'allumaient et s'éteignaient comme les guirlandes de Noël, rappelant qu'on était le vingt-quatre décembre. Paris s'éveillait peu à peu sous la fumée intense des cheminées due au froid extrême qui persistait depuis quelques jours.

C'était la veille de Noël, et dans les vestiaires, les ouvriers m'attendaient. Ils espéraient pouvoir rentrer plus tôt à la maison. J'étais à peine arrivé que les questions fusèrent de toutes parts.

— Dis José, tu penses qu'on pourra partir à treize heures aujourd'hui, demanda Carlos ?

— Je ne sais pas ! Habituellement on nous laisse sortir à treize heures les veilles de jours fériés, mais avec ce chef je ne suis pas sûr !

— Moi ça m'arrangerait bien, répondit Claude, je pars dans ma famille et ce n'est pas la porte d'à côté!

— Je demanderai à Lorian dans la matinée.

Alors que la matinée suivait son cours, j'ai aperçu le chef. Je suis allé le trouver.

— Bonjour chef ! Aujourd'hui c'est la veille de Noël et les gars voudraient savoir s'il était prévu qu'on parte à treize heures ?

— Impossible !

— Pour quelle raison ? Sur la plupart les chantiers on quitte plus tôt les veilles de jours fériés. Alors pourquoi ce ne serait pas possible ?

— C'est impossible parce qu'il faut finir de coller le béton. Vous partirez quand vous aurez terminé.

— Mais il y en a beaucoup trop ! On en a pour l'après-midi !

— À vous de vous débrouiller pour accélérer le pas!

— Vous êtes vraiment une ordure. Pourquoi avez-vous commandé autant de béton aujourd'hui ? Vous l'avez fait exprès ! Je suis sûr que sur les autres sites ils vont partir plus tôt.

— Peut-être, mais ce n'est pas mon problème.

Sur ce, il avait tourné le dos et était parti. J'ai enragé. Et s'il n'avait tenu qu'à moi à ce moment-là, j'aurais tout plaqué et je serais parti. Mais j'étais retourné vers mes compagnons, déçu de leur annoncer la mauvaise nouvelle.

— Alors ? demanda Ahmed.

— Rien à faire. On ne peut pas partir tant que l'on n'aura pas fini de coller le béton.

Là, même en tant que délégué, j'étais assez démuni, car je ne pouvais pas faire grand-chose. Aucune loi ne l'obligeait à nous laisser rentrer plus tôt.

Chacun s'en était retourné alors à sa tâche avec bien peu de courage. Vers seize heures, alors que nous avions enfin terminé et nous nous dirigions vers les vestiaires, nous avons croisé le directeur :

— Que faites-vous ici ? demanda-t-il étonné.

— Nous ? Quelle question, nous venons de finir notre travail et nous allons nous changer pour rentrer.

— Oui, je le vois bien. Mais il n'y a plus personne sur le chantier, il n'y a que vous cinq. C'est pour ça que je ne comprends pas ce que vous faites là.

— Allez le demander à Monsieur Lorian !

— Monsieur Lorian ? Mais il est parti depuis longtemps. Le chantier était censé être vide à partir de treize heures.

— Quoi ? Le chef est parti et nous a fait rester ici jusqu'à seize heures ! Et s'il y avait eu un accident, qui serait responsable, hein ? Qui aurait fait le nécessaire ?

— Calmez-vous.

— Comment voulez-vous que je me calme ? C'est la veille de Noël, on devrait être en famille depuis longtemps, le chef nous oblige à terminer le béton pendant qu'il rentre chez lui et vous trouvez ça normal ?

— Non, vous avez raison. Je m'en occuperai. Maintenant, dépêchez-vous de rentrer, je dois fermer le chantier.

Nous étions tous alors partis rapidement, mais la contrariété se lisait sur nos visages.

Janvier 2009,

Enfin, arriva le jour où j'appris que j'allais partir sur un autre chantier. Il était huit heures moins le quart. Alors que je me préparais avec mes compagnons, le chef était entré dans les vestiaires et s'était adressé à nous :

— Toi, Ahmed et Carlos vous allez partir ce matin sur un autre chantier. Rangez votre matériel et venez me rejoindre près du bureau. Je vais vous y conduire.

Sans un mot, nous nous sommes exécutés en espérant néanmoins que nous tomberions sur un chef plus compréhensif. Il était huit heures trente lorsque nous étions arrivés sur notre nouveau lieu de travail, un ancien bâtiment à restaurer. Lorian nous avait conduits dans le bureau du chef de chantier Oliveira. Celui-ci, nous avait expliqué, en quelques mots, notre mission et chacun avait repris son activité.

Je n'avais encore jamais travaillé avec ce chef. J'espèrais vraiment que cela se passe mieux qu'avec le précédent. Sinon, il faudrait envisager encore de nouvelles bagarres. C'est usant, ça fatigue à la longue mais c'est mon choix et j'assume.

Par contre, le stress étant de plus en plus présent, j'ai malheureusement recommencé à fumer alors que j'avais réussi à arrêter pendant dix ans. Ce sont les revers de la médaille.

Avril 2009,

Avant le démarrage d'un nouveau chantier, le préventeur de sécurité de l'entreprise ainsi que le médecin du travail et l'encadrement du chantier, c'est-à-dire le chef de service et le conducteur de travaux, doivent faire une visite du site dans le but de vérifier si toutes les conditions requises sont présentes pour que le personnel puisse travailler en sécurité avant de rédiger le PPSPS[18] et de faire venir les salariés. Normalement, le secrétaire du CHSCT doit également signer le PPSPS. Je ne sais pas comment cela se passe dans les autres entreprises mais dans la nôtre on me présente rarement ce document à signer.

Ce soir-là, alors que je m'apprêtais à dîner, j'ai reçu l'appel de l'un des salariés de l'entreprise m'informant que depuis plusieurs semaines lui et ses collègues étaient pris de nausées, d'étourdissements et de migraines. Un d'entre eux avait même eu un malaise.

— Nous sommes inquiets. La Cramif[19] est venue faire une visite inopinée du chantier en début de semaine. Nous avons vaguement entendu parler de « plomb ». Je suis sûr qu'il y a du plomb sur le site mais personne ne nous a prévenus, ni fait le nécessaire pour notre santé.

— OK, j'ai compris Antonio. Ne t'inquiète pas, je m'en occupe. Bonne soirée.

— Bonne soirée.

Sitôt le dîner terminé, j'ai envoyé un mail au DRH.[20]

---

[18] Plan Particulier de Sécurité et de Protection de la santé. Annexe 17.

[19] Caisse Régionale d'Assurance Maladie d'Ile de France. Leur rôle est de développer une politique de prévention des risques professionnels pour la mise en œuvre d'actions visant à : préserver la santé, la sécurité des salariés. Améliorer leurs conditions de travail et réduire le nombre et la gravité des accidents du travail et des maladies professionnelles.

[20] Directeur des Ressources Humaines.

« Bonsoir, j'ai appris ce soir que sur le chantier Valpal,[21] il y avait des risques de plomb. Comment se fait-il que nous, les membres du CHSCT, n'ayons pas été informés ? Il y va quand même de la santé de dix des salariés de l'entreprise.
Merci pour votre réponse.
Cordialement »

Je dois dire que le nouveau DRH de l'entreprise est assez réceptif. Même quand je lui envoie des mails le soir, il attend rarement le lendemain pour répondre. Bien évidemment je ne lui envoie pas des mails à dix heures du soir non plus. Sans plus attendre, il avait fait suivre mon message vers le responsable du chantier en question ainsi que vers le directeur de sécurité. Le lendemain, je recevais par mail, le rapport de la Cramif avec toutes les observations faites et à corriger. Non seulement il y avait des risques de plomb au premier et deuxième étage du bâtiment à rénover mais en plus il y avait d'autres risques tout aussi dangereux pour la santé. Notamment les risques de chutes de hauteur par manque de garde-corps, les risques d'accident de plain-pied dans les accès aux postes de travail par manque de luminaires et des risques liés aux manutentions lourdes parce que les ascenseurs pour le matériel n'avaient toujours pas été mis en service.

Cette situation me révolte. La Direction était consciente de tous ces risques dès le démarrage de l'ouvrage, mais n'avait rien fait pour les supprimer. Elle a fait travailler ces salariés pendant des mois aux dépens de leur santé. La course au profit est telle que rien d'autre ne compte. Pourtant, ils ne sont pas avares en documents sur la sécurité dans l'entreprise. Ils feraient mieux de mettre l'argent dépensé au profit de mesures concrètes sur le lieu de travail des salariés.

____

[21] Nom de chantier fictif.

Le surlendemain, je me suis rendu sur le site avec mes collègues élus pour voir ce qu'il en était exactement. Des mesures avaient été finalement prises par la Direction du site. La zone à risque de plomb avait été provisoirement isolée pour permettre le travail dans les autres étages. Ils avaient fourni aux compagnons devant travailler sur le site pollué des combinaisons, des masques et des gants spéciaux après leur avoir dispensé une petite formation aux mesures de prévention et d'utilisation du matériel de protection. Des garde-corps provisoires avaient été installés et le nombre de luminaires doublé. Quant aux ascenseurs, il faudrait encore attendre quelques jours. Les salariés exposés avaient été envoyés faire des examens médicaux.

Tout ceci aurait pu être fait dès le début, cela aurait évité aux salariés d'être malades, d'autant plus que dans l'organisme le plomb agit sur de nombreux métabolismes. Malheureusement, ce sont toujours ceux qui sont en bas de l'échelle qui subissent tout !

Juillet 2009,

Un soir, après une longue journée d'efforts physiques, alors que je rentrais chez moi, j'avais été frappé, à quelques mètres de mon domicile, par une douleur fulgurante au dos. Tombé à genoux, sans pouvoir me relever, j'étais resté cloué sur place. Les voitures passaient, mais personne ne s'arrêtait. Enfin, un passant s'était dirigé vers moi et avait appelé les pompiers.

Après plusieurs minutes d'attente, ceux-ci étaient finalement arrivés. Ils m'avaient installé sur un brancard et allaient m'emmener aux urgences de l'hôpital le plus proche. Mais avant, comme les pompiers passaient devant chez moi, je leur ai demandé de s'arrêter pour prévenir ma femme. Quand elle a entendu le pompier lui dire que j'allais aux urgences, elle a immédiatement paniqué. Mais ils l'ont aussitôt rassurée. Elle était venue me rejoindre quelques minutes plus tard à l'hôpital avec mes affaires personnelles en cas d'hospitalisation. J'ai pu néanmoins rentrer chez moi. Depuis cette date, j'ai toujours eu des problèmes de dos. J'étais suivi par un rhumatologue qui m'avait conseillé l'opération suite aux lombagos à répétition.

Finalement, j'ai dû être opéré au laser d'une hernie discale, suivi par un mois de repos à la maison. C'est à ce moment qu'avait commencé une longue période de traitements, de contrôles médicaux et de dossiers à remplir pour le service des accidents du travail. Depuis cette opération qui a été un échec, je n'ai jamais récupéré à cent pour cent, j'en ai gardé des séquelles à vie.

Après mon mois d'arrêt, j'avais finalement repris mon travail malgré la fragilité de mon dos. Il fallait encore compter deux longs mois pour que mon dos soit plus ou moins cicatrisé, avait dit le médecin. Le jour suivant ma reprise, j'avais passé une visite médicale à la médecine du travail. Le médecin avait stipulé sur le compte rendu que je ne devais pas faire trop d'efforts physiques et ne pas porter des charges supérieures à vingt-cinq kilos (ce qui, entre, nous, n'est déjà pas mal !). Malheureusement, j'étais déjà fiché auprès de tous les chefs de chantier. J'étais le méchant canard dont il fallait se débarrasser. Pour cela, rien de tel que de harceler quelqu'un qui ne peut faire ce qu'on lui demande. Bien sûr, il était hors de question de tenir compte de l'avis du médecin du travail. Tous les sales boulots m'étaient réservés. On exigeait que je fasse de plus en plus de travail, allant même jusqu'à me traiter de fainéant. Mais je n'avais pas voulu me rabaisser, et malgré la fragilité physique de mon dos, j'avais effectué le travail demandé. Évidemment, mon dos n'avait pas tenu le coup, et j'étais reparti pour un autre arrêt d'un mois. J'en avais profité un maximum pour me reposer avant de revenir plus déterminé que jamais ! Je dois dire aussi que toutes mes heures de délégation m'aidaient, car pendant que je faisais la tournée des chantiers je n'exécutais pas mon travail au gros œuvre, donc cela soulageait mon corps.

Octobre 2009,

De chantier en chantier, j'étais arrivé sur un nouveau site en plein cœur de Paris. Il s'agissait de la construction d'un immeuble vitré sur six étages pour l'installation de bureaux avec des parkings sur trois sous-sols. Le projet était grandiose.

Dans le brouillard, les silhouettes imposantes des grues gémissaient sous la pression du vent. Les camions à béton, avançaient lentement en file indienne, puis déchargeaient leur butin comme des petites fourmis. Le va-et-vient était constant. L'animation battait son plein. Vers huit heures trente, une équipe de dix ouvriers intérimaires arriva sur le chantier. Sans aucune explication sur la sécurité mise en place sur le terrain, ni sur les risques encourus, les dix personnes s'étaient vues dispatchées vers telle ou telle équipe. Pourtant, selon la loi, l'entreprise utilisatrice doit assurer l'accueil des intérimaires en leur fournissant une formation appropriée en matière de sécurité, principalement sur la circulation des personnes et la conduite à suivre en cas d'accidents. [22]Il faut savoir que le déficit en termes d'accueil pour expliquer la nature du poste, les dangers et la configuration du chantier fait que les travailleurs intérimaires sont deux fois plus victimes d'accidents du travail.

---

[22] Annexe 13

Dans les équipes, bien souvent les compagnons ne veulent pas s'occuper des intérimaires qu'ils considèrent comme une classe inférieure, les laissant se débrouiller seuls. La discrimination commence déjà au niveau des compagnons.

Pour ma part, la présence de personnel étranger à l'entreprise ne me pose aucun problème. Je suis toujours prêt à aider ceux qui en ont besoin. D'ailleurs, en tant que membre du CHSCT, mon rôle est de faire respecter la sécurité. Quand il y en a sur les chantiers, je les prends sous mon aile protectrice, le temps nécessaire à leur intégration. Le chef de chantier Moussa, profitait de cette main-d'œuvre pour lui faire exécuter les travaux les plus pénibles et les plus dangereux. Les ordres fusaient. Les malheureux avaient à peine le temps de finir une tâche qu'une dizaine d'autres les attendaient déjà. Pour protéger ses petits chouchous sur le site, le chef n'hésitait pas à s'acharner sur les intérimaires, ouvriers de quelques jours.

Son attitude avait commencé à m'agacer sérieusement. On est tous des humains, non ?

— Pourquoi vous les traitez ainsi ?

— De qui tu parles ?

— Vous savez très bien de qui je parle.

— Je les traite normalement, comme tous les ouvriers.

— Je ne crois pas, non. Depuis qu'ils sont arrivés, je les vois courir de droite à gauche sans arrêt, le regard effaré comme s'ils avaient le diable aux trousses, alors que vos petits protégés n'en glandent pas une.

— Tu te fais des idées.

— J'espère pour vous qu'il n'y aura pas d'accident!

J'étais retourné à mes occupations. À midi, la sirène avait sonné, tous les ouvriers étaient partis déjeuner. Dany, un jeune intérimaire qui travaillait dans mon équipe avait continué son travail comme s'il n'avait pas entendu la sirène. Ne le voyant pas dans le réfectoire, j'étais parti à sa recherche.

— Qu'est-ce que tu fais ? C'est l'heure de déjeuner.

— Je sais, mais il faut absolument que je finisse ce travail sinon le chef risque de me renvoyer si je n'ai pas terminé d'ici ce soir. Et moi j'ai besoin d'argent. Je dois garder cet emploi.

— Laisse ça pour le moment et viens déjeuner. Je t'aiderai après manger.

Dans l'après-midi, quand Moussa s'aperçu que j'aidais Dany, il s'énerva :

— Qu'est-ce que tu fais ? m'a-t-il demandé agressivement.

— Je travaille, ça ne se voit pas ?

— Ce n'est pas à toi de faire ça !

— Je sais, mais j'ai fini mon travail et je lui donne un coup de main. On travaille en équipe !

Contrarié par ma réponse, le chef était parti insatisfait. Il voulait que les intérimaires donnent tout ce qu'ils avaient dans le ventre. Un peu plus tard, il était revenu à la charge en envoyant Dany aux élingues. Celui-ci n'était pas très qualifié pour ce travail qui se révélait donc dangereux pour lui. Il devait aider les autres élingueurs[23] à accrocher le matériel qui serait déplacé par les grues. Malheureusement, dû à son manque de qualification, Dany s'y était pris maladroitement et la banche avait été mal accrochée aux élingues. À peine le grutier avait-il soulevé la banche que celle-ci s'était écrasée au sol, emportant Dany sur son passage. Celui-ci, bloqué sous un poids de huit cents kilos était incapable de parler, horrifié par ce qui venait de se passer. Rapidement, mes compagnons et moi étions entrés en action. Il fallait absolument déplacer la banche. Après l'avoir convenablement accrochée aux élingues, le grutier avait pu enfin la déplacer. C'était un vrai miracle ! En tombant, une des extrémités de la banche était restée en équilibre sur une poutre qui se trouvait au sol. Cela avait suffi à lui sauver la vie. Je n'en croyais pas mes yeux.

---

[23] Annexe 14

Dany plaqué au sol, les yeux fermés, attendait sans bouger se demandant sûrement s'il était bien en vie.

Je n'osais pas le toucher, cela pouvait être dangereux pour lui en cas de faux mouvement.

— Tu vas bien ? fut la seule chose que j'ai réussi à articuler.

Couvert d'hématomes, il avait fini par ouvrir les yeux. Il était livide.

— Comment tu te sens ? insista Manuel inquiet.

Toujours sous le choc, Dany ne réagissait pas.

Voyant un attroupement, le chef de chantier s'était déplacé sur les lieux.

— Qu'est-ce qui se passe ici ?

J'étais hors de moi !

— Qu'est-ce qui vous a pris de l'envoyer aux élingues ? Vous saviez qu'il n'avait pas assez d'expérience.

— Sur un chantier, il faut savoir tout faire.

— Peut-être, mais il y a des limites. Vous savez qu'il faut une formation pour ce travail.

— Tout ce que je sais, c'est que j'ai demandé à leur agence d'intérim des élingueurs. Je ne suis pas censé savoir ce qu'on m'envoie.

— S'ils avaient été mieux accueillis, peut-être le sauriez-vous. En attendant, il vaudrait mieux appeler les pompiers, car il a l'air d'être sonné. Il faut qu'il soit examiné.

— Je sais ce que j'ai à faire, je n'ai pas besoin que tu me le dises.

— Excusez-moi mais en tant que membre du CHSCT, j'ai aussi mon mot à dire. Et je peux vous garantir que ce ne sera pas en votre faveur lorsque la Direction fera l'enquête.

Le chef de chantier s'était résolu finalement à appeler les pompiers. Sur place, ceux-ci s'étaient chargés de Dany complètement traumatisé par ce qui venait de lui arriver. Que c'est dur de gagner sa croûte, bordel !

Novembre 2009,

C'était l'heure du déjeuner. Mes collègues et moi étions installés dans un des bungalows qui nous servaient de réfectoire. Il était petit et ne pouvait recevoir qu'une trentaine de personnes réparties sur plusieurs tables. Néanmoins, il était confortable. Le repas était très animé et les conversations un peu chaudes.

Soudain, je pris un morceau de mie de pain, j'en fis une petite boule et je la balançait sur Carlos. Celui-ci ne s'était aperçu de rien. Deuxième tentative. J'avais refait une autre boulette et lui avais envoyé. Elle lui avait touché le bout du nez. Cette fois, il réagit et aussitôt il fit de même. Mais celle-ci était allée atterrir sur le crâne chauve de Manuel. La rigolade s'était alors accentuée et la bataille de mie de pain avait dégénéré. Bientôt, les boulettes tombaient de partout comme des flocons de neige, laissant sur le sol un tapis moelleux. Heureusement, la sirène avait mis fin à nos délires. J'en avais mal au ventre tellement je riais.

— Encore heureux que le chef ne soit pas venu nous chercher, sinon il n'aurait pas été déçu du voyage !

Carlos aussi était plié de rire.

— Tu as raison, mais nous non plus nous n'aurions pas été déçus, car nous serions sûrement déjà dans le bureau du directeur. Quand le mousse va voir dans quel état on a mis le local, dit Carlos, il ne va pas être content du tout. Je me demande ce qu'il va faire ;il va peut-être se venger ?

— On a un peu exagéré ! dit Ahmed.

Voyant l'heure tourner, j'avais mis fin à notre conversation.

— Dépêchons-nous les gars, sinon ça va être notre fête si on arrive en retard. Pour le ménage, on verra ce soir et on s'excusera auprès du mousse.

Mais excuses ou pas, celui-ci ne l'avait pas vu ainsi d'autant plus qu'il n'avait pas participé à la rigolade. Le lendemain midi nous avions dû manger notre repas froid car Miguel, le mousse, pour se venger n'avait pas branché le chauffe gamelle et quand nous étions arrivés pour déjeuner, tout était encore gelé.

Janvier 2010,

Ce soir-là, comme je devais aller chez le médecin j'étais sorti un peu plus tôt. Malgré mon caractère rebelle je n'en étais pas moins blagueur. Tout seul dans les vestiaires, j'avais été subitement traversé par un esprit malin qui m'avait suggéré une idée. Mohamed, un de mes camarades, transportait tous les jours sa gamelle dans un énorme sac, type sac de voyage où l'on aurait pu mettre au moins une dizaine de gamelles. Discrètement, je m'étais dirigé vers le local à cantine et j'avais ouvert les placards. À l'intérieur, il y avait trois vieilles casseroles, deux assiettes ébréchées et quatre verres. J'avais pris le tout et je l'avais déposé à l'intérieur du sac de Mohamed. Puis, ni vu ni connu, j'étais parti le sourire aux lèvres.

Sa journée terminée, Mohamed s'était changé, avait pris son sac et avait quitté le chantier. Au début, il ne s'était aperçu de rien. Son sac était certes un peu plus lourd que d'habitude mais après une dure journée de labeur il était fatigué et cela lui semblait normal. Il marcha une dizaine de minutes puis s'engouffra dans la gueule grande ouverte du métro. Et c'est là que tout commença. À chaque vibration des anneaux de l'énorme chenille, il entendait des bruits bizarres provenant de son sac :

« cous, cous, shlik, shlak, bzz ».

Au début, il n'y prêta pas trop attention mais au fur et à mesure que le ventre du gigantesque animal se vidait, le bruit devenait plus intense :

« cous, cous, cous, shlik, shlak, shlik, shlak, bring, bzz».

Les autres passagers le regardaient, méfiants. Ne sachant s'il devait ouvrir son sac pour voir ce qu'il contenait au risque de passer pour un terroriste sortant sa bombe ou de faire semblant de ne s'apercevoir de rien, il opta pour la deuxième solution. La sueur descendait le long de son visage et son cœur se serrait à chaque fois que le bruit se reproduisait. Il n'avait qu'une hâte :

sortir de ce fourneau et se débarrasser de son fardeau. Enfin la station tant attendue arriva. Comme un demeuré il était sorti en courant, bousculant tout le monde sur son passage. Une fois dehors, il avait posé à terre l'objet de sa terreur et avait entrepris de l'ouvrir délicatement. Ses mains tremblaient et semblaient ne pas vouloir obéir. La fermeture avait glissé lentement mais rien ne s'était passé. Quelle n'avait pas été sa stupeur quand il avait aperçu dans le fond de son sac sa gamelle qui se battait avec des casseroles, des assiettes et des verres. Le stress retombé, il avait éclaté de rire, d'un rire nerveux presque hystérique. Dans la rue, les passants intrigués s'éloignaient ou changeaient de trottoir. Une fois calmé, il avait repris sa besace et était rentré chez lui. Sur place, il avait jeté tous les objets à la poubelle. Le surlendemain, quand j'étais arrivé dans les vestiaires, j'avais été accueilli par Mohamed :

— C'est toi qui m'as fait une farce.

— Une farce, quelle farce ?

— J'ai retrouvé mon sac plein de vieilleries.

— Je n'étais même pas là hier, j'étais en réunion au bureau. C'est peut-être Bernard !

Bernard, c'était le grutier, le plus blagueur du groupe. Et à chaque fois qu'il y avait quelque chose qui se passait, c'était toujours pour sa pomme. D'un côté c'était normal puisqu'il avait une sacrée réputation.

Les autres ouvriers présents, ne comprenant rien à notre conversation, Mohamed s'était chargé de leur expliquer.

— Non je suis sûr que ce n'est pas lui. Je suis presque sûr que c'est toi.

— Je te dis que ce n'est pas moi, lui répondis-je très sérieusement.

Puis je me suis tourné vers mes collègues en leur faisant un clin d'œil avant d'ajouter :

— C'est peut-être l'heure d'aller travailler les gars, vous ne croyez pas?

— Si, tu as raison, confirma Carlos en comprenant ce qui se passait.

Mohamed n'a jamais su qui lui avait fait cette blague mais la prochaine fois ce serait son tour, s'était-il promis !

Exemple d'une de nos visites du CHSCT sur l'un de nos chantiers.

En principe, nous arrivons vers 7 h 30 sur le chantier pour discuter une petite demi-heure avec les compagnons qui nous informent de leurs difficultés à réaliser leur travail dans de bonnes conditions. À 8 h 00, connaissant déjà une partie des problèmes à vérifier, tandis que les gars vont travailler, nous nous dirigeons vers les bureaux à la recherche d'un membre de l'encadrement du site pour nous accompagner dans notre visite. Généralement, nous ne sommes pas très bien accueillis. Ils nous disent, la plupart du temps, qu'ils n'ont pas de temps à perdre avec les élus du CHSCT. En fait, ils veulent éviter les conflits avec nous, car ils savent que je n'hésiterai pas à faire arrêter le chantier si je vois un gros problème au niveau de la sécurité. Selon les disponibilités, cela peut-être un chef de chantier, un conducteur de travaux ou même un directeur mais bien souvent c'est le plus petit dans la hiérarchie qui nous accompagne. Nous faisons ensemble le tour du chantier. Nous nous arrêtons à chaque poste de travail et étudions la méthodologie de travail qui a été proposée par l'encadrement pour que les compagnons effectuent leurs tâches avec le moins d'effort physique. Ce travail que nous effectuons sur les chantiers peut également être fait par l'élu des cadres ou des étams dans les bureaux. Bien souvent, leurs méthodologies écrites sur le papier ne sont pas toujours applicables dans la réalité. Lors des réunions du CHSCT, la Direction nous propose régulièrement de tester de nouvelles machines visant à améliorer les conditions de travail sur les chantiers. Malheureusement, quelques-uns de ces outils ne sont pas adaptés aux travaux de gros œuvre effectués par la société. Parfois, ils compliquent plus qu'ils ne facilitent. Pour vous donner un exemple : une fois, la Direction avait mis à l'essai des scies circulaires pour améliorer le travail. Or, ces scies rejetaient énormément de poussière nocive pour la santé.

Après réflexion, la Direction avait demandé au fournisseur la mise en place d'un aspirateur sur le matériel. Le problème c'est que l'aspirateur est un gros engin accroché à la scie, la rendant ainsi lourde et peu maniable pour le travail quotidien. Du coup, le compagnon devait, soit forcer davantage physiquement, soit le travail progressait plus lentement. C'est dans des cas comme celui-là que nous leur montrons que le travail n'est pas réalisable, pour les ouvriers, dans les conditions exigées sur le papier par la Direction. Parfois, ils acceptent nos remarques et nous pouvons continuer notre visite en bons termes. Mais lorsque nous remarquons quelque chose de dangereux pour les salariés et que les chefs ne veulent pas écouter nos conseils, nous signalons dans le registre du Comité d'Hygiène et Sécurité les failles rencontrées. Bien sûr, c'est là que la bagarre commence, car ils ne supportent pas qu'il y ait des écrits négatifs sur leur façon de diriger le chantier. Tant pis pour eux. Je suis là pour défendre les droits de mes collègues et ce ne sont pas quelques chefs qui vont m'en empêcher. Certains d'entre eux, récemment embauchés, sont plus agressifs avec nous pensant nous mettre la pression comme ils le font sur les compagnons. Autant dire qu'ils ne me connaissent pas et ne connaissent tout simplement pas le rôle d'un élu du Comité d'Hygiène et sécurité. Dans un cas d'extrême urgence, nous avons également la possibilité, en tant que membre du CHSCT, de faire appliquer le droit de retrait si la vie des compagnons est en danger.

Chaque visite de sécurité apporte ses conflits. La plupart du temps, les chefs veulent que le travail se fasse vite et bien au détriment de tout le reste. C'est pour ça qu'ils ont du mal à accepter nos visites, car nous mettons le doigt directement sur la plaie et ça fait mal.

Je dois quand même dire qu'il arrive parfois que si certains chefs n'appliquent pas les règles de sécurité, ce ne soit pas exclusivement de leur faute mais par manque de budget et de temps pour réaliser les travaux qui ont été négociés par les commerciaux ou les directeurs d'agences. On ne peut pas non plus leur mettre tout sur le dos.

Et parce que tout le monde doit faire face à ses responsabilités, il arrive également que certains compagnons, ils sont très peu heureusement, cherchent la facilité de travail au détriment la sécurité, de leur sécurité et celle des autres. Nous avons beau les prévenir, ils n'en font qu'à leur tête et quand les accidents arrivent, ils pleurent. Lorsque cela se produit, il est plus difficile pour nous alors de les défendre, car nous avons peu de choses auxquelles nous accrocher d'autant plus si toutes les normes de sécurité étaient bien mises en place.

En règle générale, la visite se termine par l'inspection des cantonnements. Nous vérifions s'il y a assez de papier pour les toilettes et pour s'essuyer les mains, s'il y a de l'eau dans les douches, des fontaines à eau pour les salariés, des micro-ondes, un frigo. Dans les vestiaires, il faut qu'il y ait suffisamment de placards pour tous, des placards à deux compartiments : un pour les vêtements sales de travail et un pour les vêtements propres. Ces placards ont été également une de nos revendications. Les vestiaires doivent être aérés et munis de radiateurs en hiver. Ils doivent être fermés à clef pendant la journée. Un service de nettoyage doit venir faire le ménage régulièrement.

Février 2 010,

C'est en février de cette année, alors que j'avais plusieurs fois envisagé de mettre un audit au comité pour que nous sachions à quoi nous en tenir sur le budget du CE, que la secrétaire a décidé de démissionner de son poste de secrétaire mais malheureusement pas de trésorière, du moins pas dans l'immédiat. Il fallait qu'elle trouve une solution pour mettre les comptes à jour avant de quitter le CE. Aucun élu n'avait voulu se présenter pour le poste, j'ai donc fini par être élu nouveau secrétaire. Au début, cela a été un peu difficile. Je n'avais jamais fait d'ordre du jour, ni de procès-verbal. Mais je me suis débrouillé. À la maison, ma femme m'aidait aussi. Comme elle ne travaillait qu'à mi-temps, souvent c'était elle qui me tapait au propre sur ordinateur les procès-verbaux et les ordres du jour. Dans un premier temps, j'ai repris les modèles de l'ancienne secrétaire. Ensuite, j'ai pris, au nom du CE, un abonnement à des revues spécialisées. Ce n'était pas toujours évident, parfois je ne savais pas trop quoi écrire. J'avais peur également d'être roulé par la Direction sur les réponses qu'elle nous donnait lors des réunions et que je devais écrire sur le procès-verbal. À ce moment-là, j'ai pensé que ce serait bien qu'il y ait un conseil juridique au Comité d'Entreprise. Par ailleurs, lorsque les compagnons nous posaient des questions sur leurs droits, nous n'étions pas toujours en mesure de leur répondre. Aussi, j'ai convaincu mes collègues FO de la nécessité d'avoir quelqu'un pour nous épauler. Il y avait de l'argent au CE, autant bien l'utiliser, car le budget de fonctionnement donné par la Direction était quand même conséquent. Mais ensuite, il disparaissait aussi vite comme par enchantement. Nous, les compagnons élus, nous n'avions comme frais que nos téléphones portables que nous utilisions avec parcimonie, ce qui, a la fin de l'année, représentait un montant dérisoire. Néanmoins, il n'y avait jamais d'argent.

Nous en avons conclu que la secrétaire du CE et ses camarades en profitaient pleinement. Ça ne pouvait plus continuer. Ils nous prenaient tous, au siège, vraiment pour des imbéciles. Je ne pouvais pas le supporter. J'ai donc rajouté notre demande à l'ordre du jour de la prochaine réunion du CE. Auparavant, je m'étais renseigné auprès de notre syndicat qui nous avait fourni les coordonnées d'un avocat.

Le jour de la réunion, le ton était monté d'un cran. Notre demande avait été très mal prise. Cela impliquait qu'une partie du budget (un peu moins de la moitié) allait passer en frais d'avocat, ce qui ne leur convenait évidemment pas. Nous avons donc voté et, comme nous étions majoritaires, notre demande a été mise en place. De toute façon, il restait un peu plus de la moitié du budget pour le fonctionnement ; cela était amplement suffisant pour les factures de téléphone et quelques fournitures administratives.

Pour moi, c'était une bonne chose car l'avocat intervenait à deux niveaux. Le premier était l'assistance aux salariés, payé par le budget des œuvres sociales, le deuxième était l'assistance au comité d'entreprise, payé par le budget du fonctionnement ; deux budgets complètement distincts. Tous les ordres du jour et les procès-verbaux ont commencé à être vérifiés et, en cas de besoin, corrigés par l'avocat, ce qui me soulageait. J'étais plus confiant. En tant que secrétaire j'avais une aide juridique. Tous les salariés y gagnaient aussi, car une fois par mois, l'avocat organisait une permanence au siège pour les recevoir et les conseiller en cas de problèmes.

Durant les six premiers mois, cette assistance juridique mise en place a été très contestée. À chaque réunion du CE, nous avions le droit à des reproches sur le gros montant que représentait cette assistance. Évidemment, du coup, cela diminuait le budget qu'ils utilisaient à leur convenance. Dégoûtée et peut-être apeurée par ses magouilles, parce que nous lui demandions sans arrêt des comptes, l'élue étam a également fini par démissionner de son poste de trésorière, puis de son mandat d'élue tout court. Étant donné que ni mes collègues FO, ni moi-même ne voulions le poste de trésorier, c'était l'élu cadre qui devait reprendre le flambeau, ce qu'il avait accepté de suite. Malheureusement, il voulait le poste mais pas le travail en conséquence. Pour lui c'était clair, il allait prendre une des comptables de l'entreprise pour faire le travail qu'il aurait dû effectuer lui-même. Nous avons aussitôt réagi. Nous ne voulions pas au CE d'une étam supplémentaire, de surcroît non élue. Finalement, en comptant sur l'aide de l'avocat, un de mes compagnons FO s'est proposé en tant que trésorier. Cela n'a pas été facile mais il a été finalement élu.

Nous, de simples ouvriers étrangers, avions réussi à être membres élus du CE, ainsi que secrétaire et trésorier. Une première dans l'entreprise. Je dois dire que l'avocat nous aidait beaucoup au quotidien. À chaque fois que j'avais un doute, une question, il était toujours disponible pour me répondre. En plus, il était à cent pour cent défenseur des droits des salariés contre les patrons. Ma femme aussi m'aidait régulièrement à mettre en ordre et à classer tous les documents, ce qui n'était pas une mince affaire parce qu'il y en avait partout. Il avait fallu acheter un meuble rien que pour ces documents. Ce n'était pas toujours facile pour elle aussi. Parfois, elle était fatiguée ou avait ses propres occupations mais elle n'a jamais refusé de m'aider.

Ayant perdu la main mise sur le budget du CE, les élus étams et cadres ont fini peu à peu, au fil des mois, par ne plus parler du coût de l'avocat. D'ailleurs, depuis sa mise en place, certains salariés étams ou cadres ont à leur tour bénéficié de l'aide du magistrat lors de ses permanences. Cela a été un rude combat mais nous avons réussi, faisant l'admiration de quelques autres entreprises du groupe qui s'étonnaient à chaque fois que nous leur disions avoir réussi à mettre en pratique les permanences d'un avocat au comité d'entreprise.

Finalement, nous n'avons pas mis d'Audit au CE mais en accord avec mes collègues, nous avons fini par en mettre un à l'entreprise pour vérifier les comptes. En effet, quand la Direction nous présentait les comptes, il y avait toujours un gros chiffre d'affaires, les cadres et les étams avaient le droit à des primes d'intéressement et nous, les compagnons, n'avions le droit à rien. Malgré mes successives remarques à ce sujet, ils me débitaient à chaque fois des excuses bidon nous prenant, mes collègues et moi, pour des imbéciles. Excédé, j'avais fini par me mettre très en colère, l'idée d'un audit s'était imposée. Nous n'avons pas été déçus car depuis nous, les compagnons, avons également eu le droit à la prime d'intéressement.

Avril 2011,
 je deviens délégué syndical

C'est en mars 2011 que mon collègue Joaquim, notre délégué syndical, est parti à la retraite. C'est donc tout naturellement en avril 2011 que j'ai pris sa place en tant que délégué syndical. La démarche doit être officielle, pour cela il faut être mandaté par le syndicat, ce qui veut dire que l'organisation syndicale à laquelle j'appartiens a dû envoyer un courrier au représentant légal de mon entreprise, par lettre recommandée, l'informant qu'elle me désignait en qualité de délégué syndical au sein de l'entreprise et demandait que l'on m'accorde les facilités pour l'accomplissement de mon mandat.

Ce courrier officialise la désignation au sein de l'entreprise dans laquelle nous travaillons. C'est la démarche à suivre pour tous ceux qui veulent devenir délégués syndicaux.

Chaque fin d'année, il y a les négociations salariales avec le patron de l'entreprise et les délégués syndicaux. C'est donc fin 2011 que j'ai fait mes premières négociations. Pour cela, nous avions, lors de l'assemblée générale de notre syndicat, discuté des demandes à faire à l'entreprise. Nous avions fait notre prospectus à remettre à l'employeur lors de ces négociations. Ce document était également affiché sur les panneaux d'affichage de l'entreprise pour que tous les salariés, qu'ils soient de notre bord ou pas, connaissent nos revendications.

Je dois dire que j'étais assez content de moi car, j'avais réussi à obtenir de la Direction tout ce que nous avions demandé. C'était un grand pas vers l'avant. La discussion avait été un peu âpre mais j'y étais arrivé et c'était le principal.

STE **L.A.D.E**

Négociations annuelles obligatoires
Sur les salaires CNRO Année 2012

- Augmentation de 5 % de salaire pour tous les salariés pour compenser le coût de la vie.
- Augmentation de la prime de déshabillage
- Panier à 13,50 €
- Petit trajet, 1 € en plus par zone
- Obtention des 4 jours de carence payés par l'employeur
- Augmentation de la part payée par l'employeur dans le montant de la mutuelle
- Augmentation de la prime des médailles et de la prime des naissances
- Augmentation de la prime de départ à la retraite
- Demande que la Pentecôte, journée de solidarité, soit prise en charge par l'entreprise
- Augmentation du budget des œuvres sociales pour les salariés

Le délégué syndical FO
(Signature)

Mars 2013,

En mars 2013, ont eu lieu les nouvelles élections du CHSCT. Comme les autres fois, nous avons réussi à obtenir trois élus FO. Ma place de secrétaire avait été remise en jeu car, lors de la première réunion obligatoire qui suit les élections, nous devons élire le nouveau secrétaire. Évidemment, je m'étais représenté et j'ai été réélu.

Le rôle de l'élu du CHSCT devient de plus en plus difficile. Le groupe auquel nous appartenons exige le zéro accident, tout le monde doit mettre la main à la pâte. Il a même mis au point un système de cartons rouges et jaunes, on se croirait au foot.

Régulièrement nous recevons de jolis documents sur toutes les nouvelles réglementations qu'ils ont pondues dans leurs tours. Malheureusement, Il y a encore beaucoup de travail à faire avant que toutes leurs jolies idées soient applicables au quotidien sur les chantiers.

Finalement, les années ont passé et les différentes élections se sont succédé les unes après les autres confirmant ma position au sein de l'entreprise. Pour le moment, je continue à donc à assumer tous mes postes. En plus de mon travail dans l'entreprise comme boiseur, je suis toujours délégué syndical et du personnel ainsi qu'élu du CE et du CHSCT et secrétaire du CE.

Selon l'Article L2411-1 du Code du travail,[24] modifié par LOI n° 2008-649 du 3 juillet 2008 — art. 4, « Bénéficie de la protection contre le licenciement prévu par le présent chapitre, y compris lors d'une procédure de sauvegarde, de redressement

---

[24] Annexe 15

ou de liquidation judiciaire, le salarié investi de l'un des mandats suivants :
    1° Délégué syndical ;
    2° Délégué du personnel ;
    3° Membre élu du comité d'entreprise ;
    4° Représentant syndical au comité d'entreprise. » [25]

En tant que délégué syndical, c'est un combat stressant que je mène au quotidien pour obtenir les meilleures conditions pour mes camarades et moi-même. Le conflit perpétuel avec la Direction est usant mais il est compensé par les remerciements que m'adressent certains des salariés. Je dis bien certains, car pour d'autres on n'en fait jamais assez, ils ne sont jamais contents, des éternels insatisfaits.

---

[25] Annexe 16

Juin 2013,

Ce mois- ci, j'ai reçu plusieurs appels de compagnons, travaillant sur l'un de nos chantiers, qui m'ont particulièrement agacé. En effet, la pratique des primes est très courante dans notre entreprise. Pour ma part, je ne trouve pas cette coutume très intéressante pour les salariés, elle provoque plus de conflits qu'autre chose à cause d'éternelles jalousies entre les salariés. Personnellement, je suis pour l'augmentation du taux horaire par classification. Il y aurait moins de discrimination. D'autant plus qu'une fois appliqué ce taux ne peut pas baisser d'un mois sur l'autre.

Donc dans notre cas, j'estime qu'à travail égal, les primes devraient être également identiques. Malheureusement, ce n'est pas le cas. Elles sont, la plupart du temps, distribuées au mérite et plus particulièrement à la tête du client.

Je me suis donc déplacé avec mes collègues élus sur ce chantier. Le lendemain, à huit heures du matin, nous étions sur place. Il y avait un conflit entre douze salariés de l'entreprise qui n'avaient pas la même prime mensuelle alors qu'ils effectuaient le même travail. Une fois arrivés, nous avons fait une petite réunion avec les gars pour connaître exactement leurs revendications avant de nous diriger vers l'encadrement du chantier. Évidemment, ceux qui avaient une prime plus élevée étaient moins partisans de la rébellion mais ils ont quand même suivi tout en espérant que la leur ne soit pas diminuée.

Les responsables du site avaient fait la sourde oreille, refusant catégoriquement de lâcher quoi que ce soit. Pour eux, certains salariés ne méritaient même pas ce qu'ils gagnaient déjà.

Même si nous savons pertinemment que cela est vrai pour quelques-uns d'entre eux, puisque nous travaillons également avec eux sur les chantiers, nous, les délégués du personnel, ne sommes pas là pour juger le travail de nos collègues mais pour les défendre tout en leur montrant qu'il y a néanmoins des limites à ne pas dépasser. Nous ne sommes pas le Bon Dieu non plus.

Quand nous sommes retournés voir nos camarades après être redescendus du bureau des responsables, et que je leur ai annoncé la réponse de l'encadrement, cela a mis le feu aux poudres.

— Alors que voulez-vous faire, les gars ?

— On fait grève ! lâchèrent-ils presque tous en même temps.

Pour être sûr que c'était vraiment ce qu'ils voulaient, je leur ai montré également les inconvénients d'une grève.

—Très bien, si vous êtes sûrs de vous, on bloque le chantier. Vous êtes quand même conscients que l'on sait quand on commence mais on ne sait pas quand cela s'arrête. Il va y avoir des pertes de salaires !

— Un salarié peut-il être sanctionné parce qu'il a fait grève ? me demanda Victor un peu inquiet.

— Non, aucun salarié ne peut être sanctionné pour avoir fait grève. Par contre le chef risque d'avoir une dent contre vous après ça.

— Pas de problème, on assume, répondirent-ils. Déjà, il ne nous aime pas trop !

Dans une situation comme celle-là, nous sommes également obligés de faire grève avec eux. Nous sommes solidaires et restons auprès d'eux jusqu'à ce que la situation se débloque.

Dans le secteur privé, pour être valable, une grève n'a pas besoin de préavis mais doit réunir 3 conditions :

- un arrêt total du travail,
- une concertation des salariés, donc une volonté commune,
- des revendications professionnelles (amélioration des conditions de travail ou du salaire par exemple).

C'était le cas. Tous les compagnons s'étaient arrêtés d'un commun accord pour revendiquer l'égalité des primes.

Le blocage a duré une journée et demie au bout de laquelle, la Direction du chantier a fini par accepter nos revendications. Dans l'ensemble, le problème a été résolu rapidement mais il faut être constamment en bagarre pour obtenir nos droits. Parfois, c'est extrêmement fatigant.

Novembre 2013,
Nouvelles négociations obligatoires annuelles.

Cette année, celles-ci s'annonce difficiles. Le président de la société ayant démissionné en cours d'année, il a été remplacé, provisoirement, par un directeur délégué imposé par le groupe auquel nous appartenons. Vu la conjoncture économique actuelle, il ne veut rien lâcher, juste le minimum correspondant à l'inflation, c'est-à-dire 0,7 %, une misère. Dans nos revendications nous avons demandé 5,5 % d'augmentation. Suite à cette première NAO,[26] nous avons réalisé l'assemblée générale de notre syndicat lors de laquelle j'ai pu informer mes collègues des propositions de la Direction. Nous avons décidé à l'unanimité que je devais négocier avec la Direction 2,5 % d'augmentation avec une marge allant jusqu'à 2 %. En dessous de ce pourcentage je ne dois rien signer. Ils sont prêts à faire grève et à bloquer tous les chantiers.

Quelques jours après notre AG,[27] j'ai été convoqué, par la Direction, avec les autres délégués syndicaux, pour la deuxième réunion obligatoire de négociations. Celle-ci a été très rapide. Étant donné que le patron n'a pas voulu donner plus de 1 % et pratiquement rien dans nos autres revendications c'est-à-dire l'augmentation du panier, la journée de la Pentecôte prise en charge par l'entreprise, l'augmentation de la part payée de la mutuelle par l'entreprise ainsi que l'augmentation des primes de naissance et de départ à la retraite entre autres. Je me suis levé et je suis parti, laissant en plan la réunion et les membres de la Direction. L'autre délégué syndical représentant la CFTC dans l'entreprise et qui habituellement dit « amen » à tout ce que proposent les dirigeants s'est senti cette fois-ci plus concerné que d'habitude, car les nouvelles élections auront lieu

---

[26] Négociations Annuelles Obligatoires.
[27] Assemblée Générale.

en 2015, il ne veut pas perdre sa place auprès de ses quelques électeurs en signant juste pour 1 %.

— Qu'est-ce qu'on fait José ?

— Toi, tu fais ce que tu veux mais moi je m'en vais, je ne signe rien du tout.

Cette fois, il m'a suivi également.

Le directeur des ressources humaines connaissant déjà un peu mon caractère m'a téléphoné dans l'après-midi pour essayer de rattraper le coup mais rien n'y fait. Nous verrons ce qui se passera lors de la troisième et dernière réunion en 2014. Si mes camarades me soutiennent comme ils l'ont confirmé, nous irons jusqu'au bout pour obtenir nos revendications.

En résumé,

Encore quelques années à tenir et je laisserai ma place. Aussi, je motive d'ores et déjà les jeunes adhérents de notre syndicat pour que la relève soit assurée. Pour être délégué syndical, élu du CE ou représentant du personnel, nul besoin d'être diplômé. Le salarié doit avant tout aimer lire pour parfaire ses connaissances en droit social. Il peut se faire aider par la fédération syndicale à laquelle il adhère qui possède, normalement, un service juridique. Celle-ci propose également des stages de formation au syndicalisme et aux droits des salariés, réservés aux représentants du personnel, aux élus du CE et aux délégués syndicaux. Ces formations sont payées par le budget du fonctionnement du comité d'entreprise. Donc pas de panique, n'importe lequel des salariés d'une entreprise peut endosser une de ces casquettes s'il le désire. Ce qu'il faut avant tout c'est ne pas avoir la langue dans sa poche et ne pas se faire acheter par la Direction. Un bon délégué syndical est avant tout un bon meneur d'hommes où de femmes. C'est pourquoi, bien souvent la Direction le craint, une grève est vite arrivée !

Alors, si vous aussi, vous êtes un meneur d'hommes, si vous n'avez pas peur d'affronter la Direction pour faire respecter vos droits dans votre entreprise et si vous avez envie de vous lancer dans le syndicalisme, il ne faut pas hésiter. Ce n'est pas toujours facile et même frustrant parfois, mais rien de tel que la satisfaction ressentie lorsque vous arrivez à imposer vos idées et vos droits. De plus, vous êtes un salarié protégé par le Code du Travail.

En outre, au niveau familial ce n'est pas toujours évident. Il faut être très présent lorsque les salariés vous téléphonent pour les aider à résoudre leurs problèmes. Si le conjoint n'est pas très compréhensif, cela peut causer quelques perturbations au sein du couple. En effet, pour certains salariés vous n'êtes pas juste leur délégué, vous êtes leur assistante sociale et parfois même leur père. Souvent, ils m'appellent pendant l'heure du dîner ou le week-end. Il m'est même arrivé de recevoir des coups de fil à onze heures du soir alors que j'étais couché ou sur le point de me coucher.

Cela met particulièrement ma femme en colère, car elle estime qu'il y a quand même des limites à imposer pour ne pas être envahi par les problèmes de tout le monde en dehors des heures de travail. Je sais qu'elle a raison. Elle m'aide déjà beaucoup au quotidien pour la paperasse du comité d'entreprise et du syndicat mais en contrepartie elle souhaite quand même que nous ayons nos moments privilégiés. Cela passe par l'obligation d'éteindre mon téléphone à partir d'une certaine heure le soir ou de le laisser à la maison quand nous sortons le week-end, sinon nous n'avons plus de vie privée, car j'ai bien du mal à ne pas leur répondre à n'importe quel moment.

Je vous conseille, avant de vous lancer dans l'aventure, de bien en discuter avec votre conjoint, car cela apportera obligatoirement des changements dans votre vie, surtout si vous voulez vous donner à fond dans votre nouveau rôle.

Vous êtes un délégué, vous n'êtes ni assistante sociale, ni leur père ou leur mère. À chacun son rôle et tout se passera bien.

Voilà, j'arrive à la fin de mon petit témoignage en espérant qu'il ait pu vous aider. J'aurais pu écrire un millier de pages relatant tous les événements survenus depuis mon entrée dans l'entreprise à ce jour. Mais à quoi bon ? Cela aurait été lassant. J'ai donc choisi quelques cas au hasard pour montrer l'importance et le rôle des délégués syndicaux et des élus des entreprises qui doivent agir en faveur des salariés et notamment des plus démunis.

Pour finir, je souhaiterais laisser le mot de la fin à ma femme qui m'aide et me soutient au quotidien et pour qui ce n'est pas toujours facile.

Être l'épouse d'un délégué syndical n'est pas toujours facile, je le conçois. Surtout lorsque l'on s'investit également pour l'aider dans sa mission. J'ai choisi de l'aider au niveau administratif aussi bien pour le syndicat que pour le comité d'entreprise : organisation des assemblées pour le syndicat, organisation de l'arbre de Noël pour le comité ainsi que le classement de tous les documents. C'est un travail supplémentaire et je l'assume mais tous les conjoints n'ont pas cette obligation. C'est un choix. Je travaille à mi-temps, nous n'avons plus d'enfants à la maison, j'ai donc un peu de temps. Cela ne veut pas dire non plus que je doive laisser de côté toutes mes passions. Si je l'aide quotidiennement pour qu'il réussisse à mener à bon terme ses fonctions, j'attends en retour qu'il partage également mes passions, m'accompagnant le week-end dans mes projets quand j'en ai. Il faut qu'il y ait un partage mutuel. Il ne peut pas y avoir de sens unique, ça ne marchera pas, le conjoint délaissé se lassera.

J'en conviens, parfois, je suis saturée des coups de fil des salariés qui ne respectent pas l'intimé des autres, surtout le soir ou les week-ends alors que je souhaiterais profiter de mon mari et que celui-ci n'a pas débranché son téléphone et répond à tout bout de champ. C'est pour cela qu'il faut dès le départ fixer des règles, sinon on finit vite par péter les plombs. Parfois, cela m'arrive aussi. Je veux bien aider mais pas jusqu'au point de passer tous mes dimanches à travailler au lieu de me reposer ou de me promener. Il y a des limites, quand même ! Et pour que nous continuions à bien nous entendre, il faut souvent que je les rappelle à mon mari. Mais dans l'ensemble cela se passe bien, tant que nous nous respectons l'un l'autre.

Annexes

Annexe 1

article L1152-1 du code du travail

« Aucun salarié ne doit subir les agissements répétés de harcèlement moral qui ont pour objet ou pour effet une dégradation des conditions de travail susceptible de porter atteinte à ses droits et à sa dignité, d'altérer sa santé physique ou mentale ou de compromettre son avenir professionnel ».

Le chef d'entreprise doit prendre toutes les dispositions nécessaires en vue de prévenir les agissements de harcèlement moral (Article L1152-4 du code du travail). Le règlement intérieur doit rappeler les dispositions relatives à l'interdiction du harcèlement moral.('article L1321-2 du code du travail)

Le harcèlement moral est aussi une infraction pénale. Article 222-33-2

Modifié par LOI n°2012-954 du 6 août 2012 — art. 2

Le fait de harceler autrui par des agissements répétés ayant pour objet ou pour effet une dégradation des conditions de travail susceptible de porter atteinte à ses droits et à sa dignité, d'altérer sa santé physique ou mentale ou de compromettre son avenir professionnel, est puni de deux ans d'emprisonnement et de 30 000 € d'amende.

Annexe 2

GEDDO, Angela, *Informations ouvrières*, n°694, du 2 au 8 juin 2005, p. 15

[…] « L'esclavage toujours présent. Selon un rapport du bureau international du travail, plus de 12 millions de personnes dans le monde sont victimes de travail forcé. Cette forme d'esclavage des temps modernes ne se cantonne pas aux seuls pays en développement, puisqu'on observe le phénomène dans les pays industrialisés, où 360000 personnes travailleraient actuellement sous la contrainte. […] »

Annexe 3

Selon l'INRS, les chutes de hauteur dans le secteur du BTP ont pour origine :
- Le travail sur un échafaudage, une plate-forme sans garde-corps ou sans harnais de sécurité correctement attaché.
- Le travail sur des toits fragiles, sur des échelles mal entretenues, mal placées et/ou mal fixées.
- Les chutes d'échelles lors de leur utilisation en tant que poste de travail.

Mesures générales de prévention

Les travaux temporaires en hauteur sont réalisés à partir d'un plan de travail conçu, installé ou équipé de manière à préserver la santé et la sécurité des travailleurs. Le poste de travail est tel qu'il permet l'exécution des travaux dans des conditions ergonomiques.(article R.4323-58 du code du travail).

La prévention des chutes de hauteur est assurée par des garde-corps, intégrés ou fixés de manière sûre, rigides et d'une résistance appropriée, placés à une hauteur comprise entre un mètre et 1,10 m et comportant au moins une plinthe de butée de 10 à 15 cm, en fonction de la hauteur retenue pour les garde-corps, une main courante et une lisse intermédiaire à mi-hauteur ou par tout autre moyen assurant une sécurité équivalente.(Article R4323-59 du code du travail)

Lorsque les dispositions de l'article R. 4323-59 ne peuvent être mises en œuvre, des dispositifs de recueil souples sont installés et positionnés de manière à permettre d'éviter une chute de plus de trois mètres.. (Art. 4 323-60).

Annexe 4

Lors du vote de la loi du 31/12/92, un amendement qui prévoyait que le versement du salaire rétroagisse la date de passation de la visite médicale de reprise a été repoussé lors des débats parlementaires précédant le vote de la loi ; de ce fait, sauf cas de reprise momentanée d'un travail allégé dans l'entreprise avec l'accord de l'employeur, le salarié en attente d'un éventuel reclassement et qui ne travaille pas peut se trouver dépourvu de salaire :

- pour 8 jours au plus — de la date de fin de son arrêt maladie ou accident à la date de la visite médicale de reprise,

- puis, pour une période de deux semaines entre la première et la seconde visite médicale s'il a été déclaré inapte lors de la première visite,

- puis, pour une période d'un mois au plus après la seconde visite médicale s'il n'a été ni reclassé, ni licencié entre-temps.

Le tout peut donc atteindre plus d'un mois. Le salarié avait tout intérêt à évoquer ce problème devant son médecin traitant afin que celui-ci voit s'il lui est possible de remédier à cette absence totale de ressources dans l'attente des mesures de reclassement ou du licenciement. Heureusement, une nouvelle indemnisation pour les salariés inaptes en attente de reclassement a été mise en place depuis. La nouvelle disposition permettra donc au salarié, à compter du 1er juillet 2010, de percevoir une indemnité temporaire versée par la CPAM.

C'est le décret n°2010-244 du 09 mars 2010 qui précise qu'une nouvelle indemnisation vient à compléter la Loi de Financement de la sécurité sociale 2009.

Dans le processus qui suit la déclaration d'inaptitude par le médecin, l'employeur a 1 mois pour reclasser le salarié dans un autre emploi ou, s'il fait la preuve qu'il n'en a pas la possibilité, entamer une procédure de licenciement pour inaptitude. Si, dans ces deux cas, l'employeur n'a ni reclassé ni licencié, il doit reprendre le versement du salaire.

Un "trou" existait jusqu'à présent pour la rémunération de la période comprise entre la déclaration d'inaptitude et la fin de ce délai d'1 mois. Il ne pouvait prétendre à aucun salaire puisqu'il ne travaillait pas et il ne percevait aucune indemnité de l'assurance maladie non plus.

Cette indemnité ne sera accessible que pour les inaptitudes d'origine professionnelle : en sont donc exclues les victimes d'accident ou de maladie d'origine non-professionnelle ainsi que des accidents de trajet.

Le montant de l'indemnité sera égal à celle qui était versée avant la notification de l'inaptitude. En cas d'employeurs multiples, elle n'est cependant versée que pour le poste de travail à l'origine de cette inaptitude.

En termes de formalités c'est le médecin du travail qui fournit au salarié concerné la demande spécifique qui comporte l'origine de l'inaptitude. Ce sera ensuite au salarié de l'envoyer à la CPAM ainsi qu'à son employeur. Celui-ci aura ensuite 8 jours pour confirmer à la CPAM soit le reclassement du salarié soit la date de notification de son licenciement.

L'intégralité du décret disponible sur www.legifrance.gouv.fr
Mais également sur :
http://conseillerdusalarie.free.fr/Docs/TextesFrance/19930317_Circulaire_DRT_93-11_17_mars_1993_maladie_inaptitude.html
Code du travail — art. L1226-10 (VD).
Code du travail — art. L1226-11 (VD)
Code du travail — art. L1226-12 (VD)
Code du travail L1226-10, L1226-11, L1226-12, L1226-2.

Annexe 5

Les hommes peuvent être exposés tour à tour au froid, à la chaleur, au vent, à la pluie. Sont concernés par ces intempéries, les ouvriers des T.P., du gros œuvre du bâtiment ainsi que certains ouvriers du second œuvre : peintres façonniers, électriciens ou monteurs en chauffage dont les canalisations passent sous le plancher et qui de ce fait interviennent peu de temps après les maçons.

Dans les T.P. et le gros œuvre du bâtiment, on arrête les travaux en cas de gel, de chute de neige, de pluies abondantes.

Définition des intempéries

Conformément à l'article L. 5424-8 du code du travail. Sont considérées comme intempéries, les conditions atmosphériques et les inondations lorsqu'elles rendent dangereux ou impossible l'accomplissement du travail eu égard soit à la santé ou à la sécurité des salariés, soit à la nature ou à la technique du travail à accomplir. C'est ainsi que le gel, le verglas, la pluie, la neige, les inondations et le grand vent ne sont des intempéries au sens de la loi que dans le cas où elles rendent réellement tout travail impossible ou dangereux et où elles provoquent sur le chantier même un arrêt de travail imprévisible et inévitable.

Article L.5424-10

Bénéficient de l'indemnisation pour intempéries les salariés et les apprentis appartenant aux professions énumérées à l'article L.5421-6, quels que soient le montant et la nature de leur rémunération.

Annexe 6

Le salarié confronté à un danger grave et imminent pour sa vie ou sa santé a le droit d'arrêter son travail et, si nécessaire, de quitter les lieux pour se mettre en sécurité. Le salarié n'a pas besoin de l'accord de l'employeur pour user de son droit de retrait. Ce droit de retrait est un droit protégé. Il n'entraîne ni sanction, ni retenue de salaire. L'employeur ne peut demander au salarié de reprendre le travail si le danger grave et imminent persiste. (Ministère de l'Emploi) www.travail-emploi.gouv.fr

Art. L4131-1, Art. L4131-2, Art. L4131-3, Art. L4131-4

Annexe 7

L'employeur informe tous les quatre ans le personnel par affichage de l'organisation des élections. Le document affiché précise la date envisagée pour le premier tour. Celui-ci doit se tenir, au plus tard, le quarante-cinquième jour suivant le jour de l'affichage, sous réserve qu'une périodicité différente n'ait pas été fixée par accord en application de l'article L. 2314-27 (Article L2314-2, modifié par LOI n°2013-504 du 14 juin 2013 - art. 23).

Sont informées, par voie d'affichage, de l'organisation des élections et invitées à négocier le protocole d'accord préélectoral et à établir les listes de leurs candidats aux fonctions de délégués du personnel les organisations syndicales qui satisfont aux critères de respect des valeurs républicaines et d'indépendance, légalement constituées depuis au moins deux ans et dont le champ professionnel et géographique couvre l'entreprise ou l'établissement concernés.

Les organisations syndicales reconnues représentatives dans l'entreprise ou l'établissement, celles ayant constitué une section syndicale dans l'entreprise ou l'établissement, ainsi que les syndicats affiliés à une organisation syndicale représentative au niveau national et interprofessionnel y sont également invités par courrier.

Dans le cas d'un renouvellement de l'institution, cette invitation est effectuée un mois avant l'expiration du mandat des délégués en exercice. Le premier tour des élections a lieu dans la quinzaine précédant l'expiration de ce mandat.

Sont éligibles les candidats :

- figurant sur les listes des collèges électoraux ;

- ayant 18 ans accomplis, sauf dérogation conventionnelle ;

- ayant travaillé 12 mois au moins et sans interruption dans l'entreprise (Art.L.2314-16).

La fonction de délégué du personnel peut se cumuler avec celle de membre du comité d'entreprise. »

L'affichage des communications syndicales s'effectue librement sur des panneaux réservés à cet usage et distincts de ceux qui sont affectés aux communications des délégués du personnel et du comité d'entreprise.

Un exemplaire de ces communications syndicales est transmis au chef d'entreprise, simultanément à l'affichage.

Les panneaux sont mis à la disposition de chaque section syndicale suivant des modalités fixées par accord avec l'employeur (Art. L.2142-3).

Les publications et tracts de nature syndicale peuvent être librement diffusés aux travailleurs de l'entreprise dans l'enceinte de celle-ci aux heures d'entrée et de sortie du travail (Article L 2142-4 du code du travail).

« Le contenu de ces affiches, publications et tracts est librement déterminé par l'organisation syndicale, sous réserve de l'application des dispositions relatives à la presse » (Article L 2142-5 du code du travail).

Annexe 8

Selon l'OPPBTP il faut de l'eau potable fraîche, 3 litres au moins par jour et par travailleur (D.08/01/65 art 190).

Les conventions collectives nationales prévoient les situations de travail, notamment climatiques, pour lesquelles des boissons chaudes non alcoolisées doivent être mises gratuitement à la disposition des travailleurs.

Annexe 9

Art. R4228-22 (Code du Travail)
Dans les établissements où le nombre de travailleurs désirant prendre habituellement leur repas sur les lieux de travail est au moins égal à vingt-cinq, l'employeur est tenu, après avis du comité d'hygiène, de sécurité et des conditions de travail ou, à défaut, des délégués du personnel, de mettre à leur disposition un local de restauration.
Ce local doit être pourvu de sièges et de tables en nombre suffisant et comporter un robinet d'eau potable, fraîche et chaude, pour dix usagers.
Il doit en outre être doté d'un moyen de conservation ou de réfrigération des aliments et des boissons et d'une installation permettant de réchauffer les plats.
Dans les établissements dans lesquels le nombre de travailleurs souhaitant prendre habituellement leur repas sur les lieux de travail est inférieur à vingt-cinq, l'employeur met à leur disposition un emplacement leur permettant de se restaurer dans de bonnes conditions de santé et de sécurité.(Article R4228-23)

Annexe 10

Dans les chantiers de plus de quatre mois, les chefs d'établissement sont tenus de mettre un local vestiaire à la disposition des travailleurs. Ce local doit être convenablement aéré et éclairé et suffisamment chauffé pendant la saison froide. Il doit être tenu en état constant de propreté et nettoyé au moins une fois par jour. Il doit être pourvu d'un nombre suffisant de sièges. Des cadenas doivent être mis à la disposition du personnel pour fermer les placards.(Articles R 4228-2 à R4228-6 du code du travail)

« Les accidents mettant en cause des véhicules représentent 24 % des décès… Un chiffre insupportable lorsque l'on sait que des parades techniques existent.

À l'intérieur du chantier, les voies pour les véhicules ou engins et pour les piétons doivent être matérialisées, dès que l'importance de la circulation le justifie, en évitant leur croisement. Les panneaux de circulation (vitesse limitée, stop, sens interdit ou obligatoire, passage obligatoire pour les piétons, passage interdit aux piétons) rappellent la prudence qui s'impose sur un lieu où se côtoient hommes, engins, camions…

Lorsque le conducteur d'un camion doit exécuter une manœuvre, et notamment une manœuvre de recul, dans des conditions de visibilité insuffisantes, une ou le cas échéant, plusieurs personnes doivent soit par la voix, soit par des signaux conventionnels, d'une part, diriger le conducteur, d'autre part, avertir les personnes survenant dans la zone où évolue le véhicule. Les mêmes précautions doivent être prises lors du déchargement d'une benne de camion (INRS)

De nombreux fabricants ont cherché à développer des produits visant à sécuriser l'évolution des ouvriers dans la zone située à l'arrière des véhicules. […] Il existe un dispositif d'alerte sophistiqué, adapté aux normes (DIN, ISO) et améliorant la sécurité grâce à une détection qui a lieu uniquement dans le secteur à risque, juste derrière le véhicule. Deux unités à ultrasons balaient le champ divisé en trois zones programmées, jusqu'à 5 mètres derrière le véhicule et sur toute sa largeur. Le conducteur est ainsi informé de manière précise sur l'espace restant derrière le véhicule et ce, par n'importe quel temps, voire dans l'obscurité complète. Cet avertissement est visuel, bien sûr, mais aussi sonore. Il peut être couplé à une alarme complémentaire qui avertit également l'entourage de l'engin ? Le volume s'adaptant automatiquement au bruit ambiant. […]

En matière de législation, il n'existe pour l'instant aucune obligation de munir son parc de matériels de tels systèmes d'alarme, mais les entreprises sont de plus en plus sensibles à la sécurité et à l'amélioration progressive du taux d'accidents sur les chantiers. Il est vrai que si de bons produits existent maintenant sur le marché, le taux de matériels équipés de systèmes de sécurité de marche arrière reste très faible dans les travaux publics. (Article paru dans le magazine « Chantiers de France » n°364 d'octobre 2003).

Annexe 12

Une "section syndicale" est un groupement de salariés qui, à l'initiative d'un syndicat représentatif, est chargé par ce dernier, au sein d'une même entreprise ou d'un établissement, de faire valoir les intérêts moraux ou matériels, collectifs ou individuels de ses membres. La section syndicale n'a en principe pas de personnalité morale ; elle ne peut exercer aucune action juridique. Toute action doit être intentée par le syndicat. http://www.dictionnaire-juridique.com/definition/section-syndicale.php
Depuis la loi du 20/08/2008 une section syndicale d'entreprise peut être créée dans n'importe quelle entreprise par des syndicats qui possèdent au moins 2 salariés encartés dans l'entreprise ou l'établissement (arrêt de la chambre sociale du 8 juillet 2009 dit "Okaidi"). De plus ces syndicats doivent être : soit représentatifs dans l'entreprise ; soit affiliés à une des 5 organisations syndicales considérées comme représentatives au niveau interprofessionnel et national (jusqu'en 2013 : CGT, CGT-FO, CFDT, CFTC, CFE-CGC) ; soit ne pas être représentatifs mais être légalement constitués depuis 2 ans, satisfaire aux nouveaux critères de représentativité suivant : valeur républicaine et indépendance, et enfin avoir un champ professionnel et géographique qui couvre l'entreprise concernée. En France, la section syndicale d'entreprise (SSE) a été créée par la Loi du 27 décembre 1968 en application des accords de Grenelle.
En pratique, la seule désignation par un syndicat d'un délégué syndical suffit pour établir l'existence de la section syndicale. (Wikipedia.org).

Annexe13

Prévention du BTP, n°82, février 2006. « En France, le code du travail prescrit certaines règles de prévention des risques professionnels et de formation à la sécurité pour les intérimaires. » (Article L 4141-2)

Compte tenu de leur mobilité, le suivi médical de cette main-d'œuvre est moins suivi. Les quatre premières causes de décès des intérimaires en 2003, ont été la chute avec dénivellation, les appareils de levage et de manutention et les objets en mouvements accidentels.

Annexe 14

LES TACHES DE L'ÉLINGUEUR. (Extrait notice INRS)

1-1 Le chargement — L'élingueur doit connaître les charges qu'il amarre ; il doit tenir compte :

- De la masse de la charge, De son volume, De sa forme, De la matière (fragile ou non), Des surfaces de contact, Des points d'accrochages.

1-2 Le matériel d'élingage — La solidité de l'élingage dépend de la bonne qualité des élingues utilisées, de leur bon état. La tâche de l'élingueur comporte :

- Le choix des élingues en fonction de la charge, Leur mise en place correcte sur la charge et dans les crochets, Leur protection, Leur entretien et leur rangement.

1-3 La sécurité — L'élingueur doit veiller à sa sécurité et à celle d'autrui. Il doit porter un casque de protection, des gants et des chaussures de sécurité. Les charges qui passent au-dessus des personnes constituent un danger permanent. L'élingueur doit s'efforcer de déplacer la charge sur un circuit indépendant des zones effectives de travail au sol, en cas d'impossibilité écarter les gens se trouvant dans la zone dangereuse. Il doit s'écarter lui-même de dessous la charge. Avant de lever une charge, l'élingueur s'assure qu'il ne fait courir aucun risque à qui que ce soit. Le bon choix du matériel et les méthodes correctes d'élingage sont autant de facteurs de sécurité. Le travail de l'élingueur doit être réfléchi et bien exécuté, sans précipitation, sans gestes inutiles.

Annexe 15

Article plus complet. Article L2411-1
• Modifié par LOI n°2008-649 du 3 juillet 2008 — art. 4
Bénéficie de la protection contre le licenciement prévu par le présent chapitre, y compris lors d'une procédure de sauvegarde, de redressement ou de liquidation judiciaire, le salarié investi de l'un des mandats suivants :

1° Délégué syndical ;

2° Délégué du personnel ;

3° Membre élu du comité d'entreprise ;

4° Représentant syndical au comité d'entreprise ;

5° Membre du groupe spécial de négociation et membre du comité d'entreprise européen ;

6° Membre du groupe spécial de négociation et représentant au comité de la société européenne ;

6° bis Membre du groupe spécial de négociation et représentant au comité de la société coopérative européenne ;

6° ter Membre du groupe spécial de négociation et représentant au comité de la société issue de la fusion transfrontalière ;

7° Représentant du personnel au comité d'hygiène, de sécurité et des conditions de travail;

8° Représentant du personnel d'une entreprise extérieure, désigné au comité d'hygiène, de sécurité et des conditions de travail d'un établissement comprenant au moins une installation classée figurant sur la liste prévue au IV de l'article L. 515-8 du code de l'environnement ou mentionnée à l'article L. 211-2 du code minier ;

9° Membre d'une commission paritaire d'hygiène, de sécurité et des conditions de travail en agriculture prévue à l'article L. 717-7 du code rural et de la pêche maritime ;

10° Salarié mandaté, dans les conditions prévues à l'article L. 2232-24, dans les entreprises dépourvues de délégué syndical ;

11° Représentant des salariés mentionnés à l'article L. 662-4 du code de commerce lors d'un redressement ou d'une liquidation judiciaire ;

12° Représentant des salariés au conseil d'administration ou de surveillance des entreprises du secteur public, des sociétés anonymes et des sociétés en commandite par actions ;

13° Membre du conseil ou administrateur d'une caisse de sécurité sociale mentionné à l'article L. 231-11 du code de la sécurité sociale ;

14° Membre du conseil d'administration d'une mutuelle, union ou fédération mentionné à l'article L. 114-24 du code de la mutualité ;

15° Représentant des salariés dans une chambre d'agriculture, mentionné à l'article L. 515-1 du code rural et de la pêche maritime ;

16° Conseiller du salarié inscrit sur une liste dressée par l'autorité administrative et chargé d'assister les salariés convoqués par leur employeur en vue d'un licenciement ;

17° Conseiller prud'homme.

Annexe 16

Également, selon le Code du travail, il est précisé à l'Article L2411-3 que « Le licenciement d'un délégué syndical ne peut intervenir qu'après autorisation de l'inspecteur du travail.

Cette autorisation est également requise pour le licenciement de l'ancien délégué syndical, durant les douze mois suivant la date de cessation de ses fonctions, s'il a exercé ces dernières pendant au moins un an.

Elle est également requise lorsque la lettre du syndicat notifiant à l'employeur la désignation du délégué syndical a été reçue par l'employeur ou lorsque le salarié a fait la preuve que l'employeur a eu connaissance de l'imminence de sa désignation comme délégué syndical, avant que le salarié ait été convoqué à l'entretien préalable au licenciement.

Article L2411-5

Le licenciement d'un délégué du personnel, titulaire ou suppléant, ne peut intervenir qu'après autorisation de l'inspecteur du travail.

Cette autorisation est également requise durant les six premiers mois suivant l'expiration du mandat de délégué du personnel ou de la disparition de l'institution.

Article L2411-8

Le licenciement d'un membre élu du comité d'entreprise, titulaire ou suppléant, ou d'un représentant syndical au comité d'entreprise, ne peut intervenir qu'après autorisation de l'inspecteur du travail.

L'ancien membre élu du comité d'entreprise ainsi que l'ancien représentant syndical qui, désigné depuis deux ans, n'est pas reconduit dans ses fonctions lors du renouvellement du comité bénéficient également de cette protection pendant les six premiers mois suivant l'expiration de leur mandat ou la disparition de l'institution.

Annexe 17

Le PPSPS

Les PPSPS sont définis par le décret n°94-1159 du 26 décembre 1994.

Dans quels cas établir un PPSPS ?

1- Il doit être établit lors d'opérations où interviennent plusieurs travailleurs indépendants ou entreprises (sous-traitants inclus) si le chantier :

- soit fait l'objet d'une déclaration préalable, c'est-à-dire, plus de 30 jours, avec un effectif supérieur à 20 à un moment quelconque, ou volume supérieur à 500 hommes.

- soit nécessite l'exécution de travaux comportant des risques particuliers (définis par l'arrêté du

25 février 2003) notamment un poste de travail exposant les travailleurs :

-à des risques de chute de hauteur de plus de 3 mètres

- à un risque

2° Travaux exposant les travailleurs à des substances chimiques ou à des agents biologiques nécessitant une surveillance médicale

3° Travaux de retrait ou de confinement de l'amiante friable.

4° Travaux exposant à des radiations ionisantes en zone contrôlée ou surveillée en

5° Travaux exposant les travailleurs au contact de pièces nues sous tension supérieure à la très basse tension (TBT) et travaux à proximité des lignes électriques de HTB aériennes ou enterrées ;

6° Travaux exposant les travailleurs à un risque de noyade ;

7° Travaux de puits, de terrassements souterrains, de tunnels, de reprise en sous-œuvre ;

8° Travaux en plongée appareillée ;

9° Travaux en milieu hyperbare ;

10° Travaux de démolition, de déconstruction, de réhabilitation, impliquant les structures porteuses d'un ouvrage ou d'une partie d'ouvrage d'un volume initial hors œuvre supérieur à 200 mètres cubes;

11° Travaux comportant l'usage d'explosifs ;

12° Travaux de montage ou de démontage d'éléments préfabriqués ;

13° Travaux comportant le recours à des appareils de levage d'une capacité supérieure à 60 t/m, tels que grues mobiles ou grues à tour.

2- Opérations réalisées par une entreprise seule si la durée des travaux est supérieure à 1 an et si l'effectif est supérieur à 50 pendant plus de 10 jours consécutifs

Qui doit établir le PPSPS?

Les entreprises intervenantes sur des chantiers répondant aux critères énumérés ci-dessus doivent établir un Plan Particulier de Sécurité et de Protection de la Santé (PPSPS).

Quand établir le PPSPS?

Le PPSPS doit être établi avant le début des travaux et communiqué au coordonnateur de sécurité.

Objectifs et contenu du PPSPS:

- Définir les moyens les plus sûrs pour exécuter les travaux et protéger la santé du personnel suite

à l'analyse des risques du chantier ;

- Informer et sensibiliser l'encadrement et le personnel d'exécution sur la mise en œuvre de ces moyens ;

- Préciser les risques et les mesures de prévention liés à la co-activité des différents intervenants.

Le contenu du PPSPS est énoncé dans les articles R238-31 et R238-32 du Code du Travail.

Éditeur : Books on Demand

12/14 rond-point des Champs Élysés, 75008 Paris

Impression et Édition : BoD – Books on Demand, Norderstedt .

ISBN : 9782322137183

Dépôt légal : janvier 2017